BUZZ

CB072991

Dedico este livro a você, que ousa questionar as regras do mercado, para que também possa propor novas ideias, tendo a coragem de testá-las!

Um grande abraço e uma ótima leitura!

JOÃO APPOLINÁRIO

© 2019 Buzz Editora

Publisher ANDERSON CAVALCANTE
Editora SIMONE PAULINO
Editora assistente LUISA TIEPPO
Preparação ANTONIO CASTRO
Foto de capa CLAUDIO GATTI
Projeto gráfico ESTÚDIO GRIFO
Assistente de design NATHALIA NAVARRO, FELIPE REGIS
Revisão VANESSA ALMEIDA

Dados Internacionais de Catalogação na Publicação (CIP)
de acordo com ISBD

A652i
    Appolinário, João
    Inovar é questionar o que já existe / João Appolinário
    São Paulo: Buzz, 2019
    192 pp.

    ISBN: 978-65-80435-28-9

    1. Administração. 2. Inovação. I. Título.

	CDD 658.4063
2019-1535	CDU 658.011.4

Elaborado por Vagner Rodolfo da Silva   CRB-8/9410

Índices para catálogo sistemático:
1. Administração: Inovação 658.4063
2. Administração: Inovação 658.011.4

Todos os direitos reservados à:
Buzz Editora Ltda.
Av. Paulista, 726 – mezanino
CEP: 01310-100 São Paulo, SP

[55 11] 4171 2317
[55 11] 4171 2318
contato@buzzeditora.com.br
www.buzzeditora.com.br

INOVAR
é questionar
o que já existe

JOÃO APPOLINÁRIO

Fundador e CEO
da Polishop

INTRODUÇÃO

07   O DNA da inovação

13   **1** Eu não sou um personagem

23   **2** O Rei dos Porquês

37   **3** Quem criou as regras?

51   **4** Experiência ou morte

63   **5** Dono × empreendedor

75   **6** Produto tem preço, benefício tem valor

87   **7** Detector de oportunidades

97   **8** O bom e o ruim dependem do que vem depois

107   **9** Nunca é tarde pra entrar num novo mercado

117   **10** Crescimento sustentável

129   **11** Transformação digital

141   **12** "Um dia você é jovem, e no outro quer a panela
da Polishop"

151   **13** Quebrando paradigmas dentro da própria casa

163   **14** Sem gavetas

173   **15** Criando novas categorias

185   **16** Choque de realidade

INTRODUÇÃO
O DNA DA INOVAÇÃO

Se houvesse uma transfusão de DNA, com tudo aquilo que uma pessoa traz consigo, para que outras pudessem absorver algo novo, e você pudesse deixar algo, como uma marca para a posteridade, qual seria a nomenclatura deste DNA?

Acredito que a minha seja o DNA da inovação.

Este livro só existe para desafiar você a questionar o que parece óbvio, fazer com que você possa absorver uma nova maneira de provocar os acontecimentos, questionar o que já existe, desenvolver um pensamento crítico e ser um observador que traz soluções ao dia a dia das pessoas.

 O QUE ELE NÃO CONTA

Ao longo do livro, no final de cada capítulo, teremos uma outra visão daquilo que João Appolinário não conta.

Como ele mesmo diz: "é difícil falar de si mesmo", e ele tem tantos contrastes que não seria honesto com os leitores se não trouxéssemos todas as nuances de um homem admirável, com opinião forte, irreverente, leve, e ao mesmo tempo implacável nas negociações.

Seu temperamento e conduta, que contribuem tanto para o sucesso da empresa, não poderiam ser omitidos. Por isso, além de sua perspectiva sobre o negócio, trajetória e insights, traremos um outro olhar a respeito daquilo que ele não conta e que seus colaboradores e pessoas próximas destacam sobre ele.

É difícil falar de si mesmo? Em alguns momentos, sim. Mas faremos isso por ele.

Vire o livro para ler estas seções e siga as setas.

1
EU NÃO SOU UM PERSONAGEM

Quem é João Appolinário?

Já me deparei inúmeras vezes com essa pergunta.

Uns dizem que sou o cara por trás da Polishop, como se eu tivesse um toque de Midas que fizesse tudo virar ouro em um passe de mágica.

Outros gostam de me pintar como um homem duro com as palavras, que faz perguntas certeiras e desconcertantes.

Alguém que gosta de coisas simples e vai direto ao ponto. E também tem esse perfil quando participa de programas de TV onde assume o papel de investidor.

Já ouvi dizerem que eu sou difícil, controverso. Já disseram que eu tinha uma facilidade ímpar de farejar o que vai dar certo. Alguns me veem como um sujeito divertido. Outros assumem que têm medo de entrar na minha sala e ouvir o que tenho a dizer.

A verdade é que não meço palavras, não desperdiço tempo com o que não funciona e sou um cara insaciável por mudanças e inovação. E esta segunda palavra me define por completo; não só porque o mercado me identifica desta maneira, mas porque lá atrás, quando eu ainda era criança, tive a oportunidade de conviver com o homem muito inovador: meu pai.

Cresci dentro de uma cultura familiar que já gerava questionamentos. Era com esse olhar inovador que ele olhava para algo que não existia, perguntava a si mesmo o porquê das coisas e criava algo novo.

Homem de sucesso, ele trabalhava no ramo do varejo. Quando entrou no ramo automobilístico, praticamente criou uma inovação que os brasileiros passariam a utilizar como uma grande alternativa nas compras de automóveis: o consórcio. Como não existia financiamento e ele precisava vender carros, essa era a solução para um problema – que já trazia um benefício para o consumidor, e me fez ficar com os olhos e ouvidos atentos à maneira como ele trazia serviços e produtos que poderiam se tornar indispensáveis.

Falar de mim, essa figura que muitos conhecem superficialmente por conta das entrevistas para revistas de negócios e televisão, é também falar de onde vim, porque um pouco do DNA de inovação que corre nas minhas veias é graças ao cara que enxergava tudo de maneira diferente lá dentro da minha casa, quando eu ainda era criança.

Meu pai não usava a palavra inovação, e na época ela nem estava na moda como hoje. Ele era um sujeito de ação e mão na massa. Criava porque não tinha paciência de esperar que alguém resolvesse o que precisava ser solucionado.

E, em 1999, quando fundei a Polishop, um varejo inovador, eu já imaginava algo que estivesse conectado e que pudesse oferecer mais que um produto para o consumidor. Eu queria oferecer benefícios e uma experiência de compra que não estivesse atrelada unicamente ao preço. Eu queria produtos que agregassem Valor para as pessoas e resolvessem os problemas do dia a dia delas – alguns que, muitas vezes, elas nem imaginavam que existiam.

Eu estava iniciando a empresa justamente no momento de revolução digital, ou seja, as pessoas estavam mudando a forma de buscar as coisas. As páginas amarelas, que muita gente nem sabe mais o que são, davam espaço para o Google.

A fita, o CD, começavam a ser difundidos para a internet, que começava a trazer ao consumidor múltiplos poderes de escolha. Um guia e um mapa rodoviários dando espaço a um aplicativo de rotas com informações.

Essas escolhas permitiam que as pessoas tivessem mais opções. Tudo isso fazia parte dessa revolução digital.

E eu também entendia que as pessoas mudavam a forma de se relacionar. Se antes enviávamos cartas, telegramas, fax, hoje as pessoas nem telefonam mais e se comunicam por meio de e-mails e aplicativos.

Isso me trazia a sensação de que existia uma iminente mudança de hábito que impactaria no mercado de consumo. As pessoas mudavam a forma de consumir, e eu acreditava que elas não queriam simplesmente comprar por comprar.

Por isso, quando as coisas já caminhavam mais firmes, em 2003, assim que entrei na reunião com meu comitê de produto para discutir o que deveríamos trazer como aposta naquele ano, arregalei os olhos quando ouvi a frase:

– As apostas do próximo ano são o forno de micro-ondas.

O porta-voz daquela informação trazia cada dado, cada estatística e explicava exatamente como os canais de venda queriam que apostássemos todas as nossas fichas no forno de micro-ondas.

Numa empresa sem o DNA de inovação a reunião acabaria ali. Todos aceitariam as estatísticas e dados e passaríamos para a fase de lançamento do produto.

Mas se você quis saber quem é João Appolinário quando abriu este livro, vai começar a entender um pouco como funciona a minha forma de pensar e ver as coisas.

Enquanto a nossa equipe trazia registros minuciosos de maneira brilhante e clara sobre o forno de micro-ondas, coloquei em cima da mesa um grill elétrico, que era basicamente uma chapa, uma resistência e um pedaço de plástico.

Sei que todos pensaram de uma forma óbvia: "Todo mercado trabalhará com forno de micro-ondas e nós vamos vender uma chapa com resistência?".

Antes de contar como terminou esse episódio, permita-me um parêntese: acredito que a primeira coisa que eu deveria falar neste livro é sobre a história da inovação. Você vai entender agora por que eu bato tanto nessa tecla: inovação caiu numa vala comum. Todo mundo fala de inovação, mas eu tenho a minha forma de vê-la. Para mim, inovar é questionar o que já existe e propôr algo no lugar.

Só que como vender algo como inovador quando o produto era uma categoria inexistente, ou seja, uma categoria? Quando não se vende menos de cinquenta mil peças por ano no país não é considerado uma categoria.

Sendo assim, como apostar em algo que vai na contramão de tudo que o mercado está acreditando?

Logo, a primeira barreira que precisaria ser rompida era fazer as pessoas acreditarem na aposta que estaríamos fazendo.

Eu sempre soube disso. E agora quero que você entenda algo que ao mesmo tempo que é simples, parece tão difícil de entender: a inovação tem sempre barreiras.

As pessoas têm convicção de que só funciona aquilo que elas já conhecem e a indústria tem uma dificuldade enorme de introduzir inovações, principalmente em produtos que já foram testados no mercado.

Quando eu falo de introduzir inovações para o consumidor, falo de um desafio de lançar um grill elétrico no país do churrasco. Falo de introduzir um produto que já tinha sido lançado com a presença do próprio George Foreman, que era quem assinava a peça diante da mesa.

Se o próprio campeão de boxe George Foreman, que era mundialmente conhecido, já tinha vindo ao Brasil no lançamento e participado de programas de grande audiência como Jô Soares e outros, e com investimentos acima de 5 milhões de dólares no Brasil sem sucesso, deixando um estoque gigantesco parado, como a Polishop poderia apostar naquilo? Era um contrassenso.

"Ninguém quer grill elétrico", era o que repetíamos ali.

Realmente, grill elétrico ninguém queria. E o mercado dizia isso.

Pra piorar, o produto estava sendo liquidado a 145 reais.

Por certo que em 2003 ninguém apostaria que as pessoas mudariam a forma de consumir. Mas eu acreditava que as pessoas, cada vez mais, não queriam simplesmente comprar por comprar.

Eu sabia que elas não buscavam o produto. Elas buscavam o benefício. E o benefício do grill era claro, nítido e demonstrável. Todo mundo podia ver a gordura saindo quando se esquentava a carne. O grill tinha um diferencial, que era a inclinação, e aquela inclinação conseguia mostrar a quantidade de gordura que saía do alimento. Desta forma, as pessoas conseguiam ver o que o produto fazia. Os olhos não podiam enganar. Não era uma impressão qualquer. Era um benefício concreto.

Uma alimentação saudável era o que venderíamos. Não um grill.

"O sabor fica e a gordura sai", uma frase com uma demonstração didática e clara dos benefícios daquele produto.

Depois daquele dia, em que naufragou a ideia do micro-ondas para se apostar numa categoria inexistente, que ganharia um selo do Instituto do Coração dois anos depois como um produto saudável, e passaria a ser uma categoria de um milhão de grills por ano, as pessoas perceberam que existia vantagem no produto. E, quando você enxerga o benefício, você não se importa em pagar dez parcelas de 29 reais no grill. A campanha trazia que, se você economizasse 1 real por dia no café, já pagaria o grill.

Portanto, quando você se perguntar quem é João Appolinário, entenda que eu sou esse cara que prefere inverter a ordem das coisas quando tudo parece óbvio demais. Eu não acredito no óbvio. Porque se uma coisa é óbvia só depois que alguém fala, não era óbvia. Logo, o óbvio não existe.

Criar uma demanda de grill num país que tem a cultura do carvão e da cozinha a gás foi a maior prova disso. Mesmo que o grill levasse o nome de um pugilista americano, quem iria apostar que ele poderia nocautear um forno de micro-ondas?

Quando me perguntam se sou um vendedor, eu digo que não, e nem quero ser. Quero ser um bom demonstrador. Ter um perfil de vendedor – e empurrador de produtos –, é coisa do passado. Não cabe isso hoje. Por que a internet ganha espaço? Porque as pessoas têm o direito de escolher.

Eu gosto é de explicar e demonstrar o produto. Não preciso perguntar se você quer comprar, a decisão é sua.

Quem é João Appolinário? Uma pessoa que gosta das coisas simples. Das coisas de simples compreensão.

Uma pessoa que vai direto ao ponto, que tem transparência, gera empregos e é fascinado pela possibilidade de inverter a maneira de se enxergar as coisas? Ou um empreendedor que não começou do zero e tinha o cenário perfeito para vencer na vida?

Vou te contar todas as minhas facetas, sem criar um personagem.

Vou te contar agora no que acredito e como acredito, e o que você vai achar de mim depois disso é uma decisão que cabe a você.

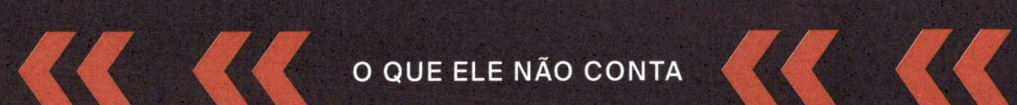

O QUE ELE NÃO CONTA

Encontra um benefício para aquela informação para que possa cruzá-la com outra, que chegou há pouco via WhatsApp.

De suas habilidades mestras, a maior delas parece ser a capacidade de cruzar as informações, assuntos e mesclar pessoas, para ter o melhor mix. Para ter um produto final que o atenda, da maneira como ele imaginou. Como um maestro que entende quais são as particularidades de cada elemento da sinfonia, e tenta extrair de cada um sua melhor versão.

Mas a velocidade com que ele pensa não é alcançada por qualquer um. Talvez por isso ele fale com metáforas e conte histórias para que possa ser entendido. Domina a arte de intervir com uma história para ilustrar algo que não sabe como dizer e, ao mesmo tempo, é perito em ter reuniões com conversas acaloradas que trazem a dimensão da combustão que existe ali dentro. Sua facilidade em costurar as histórias é proporcional à sua incapacidade de perceber que as pessoas não têm a mesma habilidade em criar os mesmos cenários em seu campo mental. Por isso, em muitas ocasiões, parece incompreensível e imprevisível.

Ao mesmo tempo, sua transparência nas palavras chega a assustar. A marca registrada que fez com que chegasse onde está hoje é a franqueza. Nas negociações, no dia a dia, nos feedbacks, nos elogios. Tenta passar a mensagem que precisa ser transmitida e sabe que, mesmo se ela for recebida com cara feia, a mensagem é o que importa. Não é de agradar o interlocutor. É de comunicar.

Isso faz com que aqueles que estão acostumados com as máscaras do mundo corporativo se assustem.

Apesar de ser admirado por todos que o cercam, já que todos conhecem sua história, capacidade de empreender e visão, não é dado a perder tempo com "social". Prefere conversas construtivas, discutir ideias, novos negócios, aprender novas coisas. Como se precisasse honrar seu próprio tempo. Como se tivesse muito a fazer e pouco tempo para executar tudo aquilo que seu coração e mente criam sem parar.

João Appolinário é um homem inquieto. Tem sede de realizar tudo aquilo que acredita ser possível. E não tolera que quem não esteja disposto a ir com ele esteja em seu caminho. E sua transparência faz com que ninguém tenha surpresas com ele. Sempre diz o que pensa, custe o que custar.

"A minha cabeça é que nem essa mesa. Tem um monte de coisa espalhada. Só precisa organizar."

Assim como a mesa, as ideias parecem espalhadas, descombinadas. Como se fossem fragmentos de um quebra-cabeça impossível de montar. Tem quem diga que quando ele ouve, parece não estar prestando atenção.

Mas João Appolinário está ali, com o radar ligado, com a percepção apurada. Ele ouve, sente, percebe. É sensível a tudo e todos e vai captando as informações que percebe no ambiente como um ímã, para liquidificar tudo depois, como um de seus liquidificadores que vende em sua loja.

Quando os colaboradores menos esperam, ele surge com uma ideia que parece genial, mas que foi fruto de tudo aquilo que estava maturando ali. Elementos do seu dia a dia, de suas incontáveis visitas às lojas, de suas conversas nas redes sociais, dos olhares trocados com seus colaboradores. Quando a sinapse é feita, é como uma combustão: ele quer ação.

Sabe sonhar, tem facilidade de dar vida às ideias, mas é extremamente apto a colocá-las em ação. Entende o tempo de sonhar fora da caixa e inovar e entende a hora de fincar os dois pés no chão e viabilizar aquilo que – antes que ele desse vida – parecia improvável.

Sua maior dificuldade, neste processo, é fazer com que as pessoas ao seu redor consigam enxergar aquilo que ele vê. Isso cria uma crescente ansiedade que pode ser traduzida como impaciência. Ele parece um homem impaciente, mas é ansioso para ver as coisas acontecerem. Às vezes pode ser que queira acelerar o ritmo natural, porque percebe uma oportunidade única. Outras, deixa as coisas cozinhando, porque sabe que se resolverão. Tudo isso é parte de sua estratégia que não é premeditada. É quase intuída, embora ele não acredite ser um cara intuitivo.

"A palavra é perspicácia. João é um cara perspicaz", dizem as vozes que o acompanham de perto dia após dia.

Sua perspicácia fica ainda mais evidente quando ele observa uma situação enquanto sua mente busca seus arquivos mentais. Não despreza informações. Por isso, quando elas o interessam, fica instigado. Faz com elas o mesmo que faz com seus produtos inovadores: inverte o eixo e encontra uma nova maneira de usá-lo.

2
O REI DOS PORQUÊS

Você vai perceber que eu sou uma pessoa que vai direto ao ponto. E isso está longe de ser uma estratégia. Muitos até enxergam essa característica de maneira negativa, porque estão habituados com reuniões que poderiam ter sido um e-mail, perguntas que nem deveriam ter sido feitas ou explicações gigantes. A verdade é que eu gosto de saber o final da história – não quero perder tempo. Me conte o final da história. Me interessou, eu reconstruo. E então, sabendo onde você quer chegar, eu defino se quero investir meu tempo naquilo.

Eu sou direto por um simples motivo: gosto das coisas muito simples. Não sou adepto de nada que seja complicado. Quando digo simples, digo simples de entender e fácil de ser feito.

Sou assim porque valorizo algo que todos deveríamos valorizar: o seu e o meu tempo.

Quando comecei a escrever este livro a minha grande preocupação era essa. Queria algo direto, que não levasse nada para um campo filosófico de discussões. Porque tempo é tempo. E embora não possamos comprar tempo na esquina, tem coisa que podemos fazer para poupar tempo de vida. O que eu faço na Polishop, e vou contar mais pra frente, é exatamente isso: fazer com que você economize tempo.

O tempo é um dos três pilares em que pauto os benefícios dos produtos que vendo. Se é um produto que te faz economizar tempo, ele vale muito.

23

Assim como as informações. Se alguém chega na minha sala com um repertório enfadonho que não me leva a lugar algum e ainda me faz perder tempo, descarto. Só que se algo despertar a minha atenção, seja numa reunião, numa loja, numa conversa, numa rodada de investimentos, eu sou o Rei dos Porquês.

E isso deve estar no seu DNA também: quando algo te despertar o interesse, não perca a oportunidade de entender tudo sobre aquilo. Porque o que eu mais vejo no meu dia a dia são reuniões onde muitas coisas são ditas, poucas são entendidas, mas que ninguém pergunta nada.

Não tenha vergonha de ser o Rei dos Porquês. Se não perguntar para quem estiver na sua frente, pesquise no Google, mas vá atrás da informação que precisa. Isso é vital para o seu negócio.

E por que estou dizendo isso?

Porque também existe um porquê de eu estar escrevendo esse livro. Não é uma simples transfusão de DNA de inovação. Não é um exercício de vaidade, nem um negócio feito para ganhar dinheiro.

De tanto ver pessoas sem respostas, de tanto ver empreendedores sem saber fazer as perguntas certas, sem saber para quem perguntar o que era importante ou até mesmo perguntando para pessoas que não contribuem com o processo, eu entendi que ter sido um grande questionador da ordem natural das coisas é o que me trouxe até aqui, e eu precisava contribuir com quem não teve um grande mentor como eu tive com meu pai.

Hoje, vejo o quanto é difícil empreender no Brasil. Temos uma legislação fiscal, tributária e trabalhista muito complicada e as coisas mudam de um estado para o outro, e muitos não sabem nem começar um negócio.

Quando fui convidado a participar do *Shark Tank Brasil*, um programa que coloca investidores e empreendedores com boas ideias frente a frente, para que estes novos empreendedores possam "vender" suas ideias aos investidores, a princípio não quis participar.

Ao mesmo tempo, eu tinha a ânsia de ajudar quem estava começando. Via que a maioria dos empreendedores quando começavam um negócio estavam perdidos em coisas básicas que fariam seus empreendimentos decolarem.

Isso fazia com que eu questionasse a mim mesmo. A pergunta que não queria calar era:

"Como eu posso ajudar de fato aos empreendedores brasileiros?"

Eu sabia que investir dinheiro nas boas ideias e ajudar empresas a crescerem era algo que eu podia fazer por algumas delas, mas o que eu poderia fazer por todos os empreendedores que não tinham acesso ao programa, ou não tinham a menor ideia de como começar?

Foi então que dois projetos surgiram ao mesmo tempo. Em primeiro lugar aceitei que iria participar do programa. E ao assumir aquela cadeira, eu não queria ser um simples investidor. Eu queria poder dar todo o suporte para que aquelas pessoas pudessem se desenvolver. Para mim, o mais importante era a mentoria que eu poderia dar a elas e não simplesmente a participação nos negócios.

Já fazia um tempo que fomentava dentro de mim a ideia de poder ajudar a criar uma mentalidade de empreendedorismo com inovação na cabeça das pessoas.

Estar diante dos pequenos empreendedores naquele programa, vendo todos eles darem o sangue e a vida pra criar coisas novas no mercado, fazia com que eu lembrasse de quando ainda era um jovem sonhador cheio de ideias e tinha um grande mentor com quem eu podia contar.

Meu pai era um cara que me deixava errar, depois me dava porrada, me corrigia, e embora ele tenha me emprestado dinheiro, aberto crédito, portas, me colocado diante de gente boa e capaz, ele nunca deu o peixe: sempre ensinou a pescar.

Só que eu nasci com essa possibilidade de ter um grande mentor dentro da sala de casa. E a maioria das pessoas não tem um privilégio como esse.

A grande verdade é que a maioria das pessoas que começam um negócio do zero não sabem o básico. Não sabem nem como buscar um bom contador. Elas não têm acesso a um bom escritório de advocacia, não conseguem entender as pequenas coisas que são importantes e fundamentais na hora de se equipar para ter um negócio funcionando.

Dentro desse devaneio todo, enquanto via tanta gente boa e com bons projetos sem o mínimo de recurso pra dar uma acelerada no negócio, eu criei a ideia de um fundo para, de fato, ajudar o empreendedorismo, trazer inovação ou criar uma mentalidade de empreendedorismo na cabeça das pessoas.

A princípio, quando as empresas começaram a atrair a minha atenção, a minha participação passou a ser bem mais do que oferecer dinheiro. Eu gosto de me envolver com o negócio. Comecei a usar tudo que tinha dentro da Polishop para poder profissionalizar as pessoas. Criei uma estrutura exclusivamente para acompanhar aqueles empreendedores que tinham apresentado suas ideias e fisgado minha atenção. Esta estrutura se tornou responsável pelo processo todo de acompanhar e fazer a evolução e expansão das empresas em que eu investia. Nas reuniões, além de me engajar no negócio, passei a efetivamente fazer o que considero mais importante: questionar.

Eu questionava tudo que eles já sabiam e invertia a ordem das coisas para que questionassem a si mesmos e percebessem o quão grande era o potencial do negócio que estavam desperdiçando.

Ao mesmo tempo, oferecia a todos eles as melhores ferramentas de treinamento que tenho. Eles tinham uma verdadeira profissionalização

Percebi que fazer isso era a grande contribuição. Porque ninguém conta para ninguém o que faz um negócio dar certo. E essa é a grande mentoria. Isso que faz a diferença na vida do empreendedor.

Eu via empreendedores com ideias fantásticas, mas completamente despreparados.

Da ideia à execução de todo esse suporte, tudo aconteceu rápido demais. Como tudo na minha vida. Lembra que falamos do tempo? É importante agir, mesmo que erre no caminho. Se errar, erre rápido. Não perder tempo é a ideia inicial.

Então, ser o Rei dos Porquês me fez perceber que fazer perguntas me faz sempre ir além de onde posso chegar. Porque quando você pergunta, você aprende, você encontra novas respostas ou acaba sabendo de coisas que não saberia se não perguntasse.

Para ser um empreendedor, é necessário ser o Rei dos Porquês. Questionar os outros e a si mesmo, sem medo do enfrentamento. Eu só cheguei onde cheguei porque sempre questionei o jeito de fazer as coisas. Sempre tenho fome de aprender mais e não me contentava com as respostas que obtinha.

Eu sabia que era preciso dar uma mentoria verdadeira a quem não tem nem a quem perguntar. E a ideia de fundo é que independente da classe econômica ou social, qualquer pessoa possa transformar suas próprias ideias em negócios lucrativos e bem-sucedidos para modificar a realidade na qual estão inseridos.

Quando você tem um suporte, você não começa do zero. Você começa preparado para entrar em campo. E eu acredito que muitos empreendedores não dão certo não por falta de capacidade ou ideias ruins. É porque desconhecem coisas básicas que podem alavancar o funcionamento do negócio.

O segundo motivo que fez com que eu participasse dessa experiência foi que eu achava que já tinha passado da hora de mostrar um pouco do que é ser empresário no Brasil. Aliás, você vai notar que empresário é uma palavra que não gosto de usar justamente porque a imagem do empresário no Brasil é totalmente distorcida.

É comum que exista uma rejeição de parte da população quando falamos sobre empresários, como se fossem pessoas que jogam contra ou agem de maneira ilícita para ganhar dinheiro. Eu sempre quis mostrar que ser empresário não é aquilo que aparece nas manchetes policiais dos jornais. Aquele homem que faz trambique, ganha dinheiro fácil, se aproveita das pessoas, sonega impostos. Porque quando um sujeito monta uma loja e faz algo ilegal, logo surge a manchete com a frase "empresário é preso". E isso detona a imagem do empresário no Brasil, porque isso é uma pequena minoria com grande exposição na mídia e traz um rótulo para todos aqueles que trabalham incansavelmente.

Tem gente que acha que empresário é o cara boa-vida que não trabalha. E muitos, com essa concepção, acabam querendo ter um negócio e ficar estagnados sem ver a coisa crescer. Eu costumo dizer que o fundador da empresa sempre tem que ser o cara que mais trabalha no negócio. Não só para ser

NÃO DESPERDIÇO TEMPO COM O QUE NÃO FUNCIONA E SOU UM CARA INSACIÁVEL POR MUDANÇAS E INOVAÇÃO.

exemplo, mas para colocar energia naquilo, ver funcionar, não deixar que as coisas percam o rumo e transferir seu DNA.

Porque se o meu DNA é de inovação, cada empreendedor traz sua característica para imputar na própria equipe, e isso precisa ser transferido dia a dia. É um olhar que não se delega.

Voltando aos motivos que me fizeram aceitar ir para a televisão e me expor, o que eu queria mostrar quando aceitei deixar um pouco da minha rotina e dia a dia é que existe o empresário divertido, o cara que pensa efetivamente em ajudar, o que tem posicionamento, ideias, que pensa 24 horas em solucionar problemas das pessoas e aumentar a capacidade dos negócios que elas criam.

Porque é o que eu faço no meu dia a dia. É o que eu faço de maneira insaciável. Eu faço perguntas o tempo todo para poder trazer novas respostas capazes de trazer soluções dentro de cada empresa, dentro de cada coração empreendedor que bate e que sente a inquietação de que há muita coisa a ser desenvolvida.

Facilitar processos, resolver problemas... Tudo isso está na veia de uma pessoa que decide empreender.

E é claro que o terceiro e último motivo para eu estar ali no programa foi o fato de que foi naquela incubadora de ideias e projetos que consegui encontrar excelentes negócios, que jamais encontraria se fosse esperar baterem na minha porta.

Acredito que, se você tem um bom negócio, é muito fácil captar dinheiro, porque todo investidor procura uma empresa que pode dar lucro para poder investir. Dinheiro não falta no mercado. O que falta são boas ideias. Mas as ideias precisam ser bem executadas e, por trás da ideia, o empreendedor precisa estar comprometido com o desenvolvimento do negócio e das pessoas envolvidas naquele negócio.

Achando bons negócios a gente gera emprego. Gerar lucro faz a economia girar.

Essa ambição do empreendedor, que sempre é vista de maneira deturpada, tem que fazer parte do DNA de quem quer prosperar. E prosperar não é pegar dinheiro para enfiar no bolso. Prosperar é gerar lucro para poder reinvestir.

Eu, por exemplo, poderia simplesmente ter cem lojas, estar satisfeito com elas e aplicar o dinheiro que investi para chegarmos em trezentas lojas, em outra coisa. Mas não. Eu resolvi arriscar. Porque quando invisto em mais lojas, gero mais empregos, gero mais oportunidades, reinvento o mercado, me desafio, saio da zona de conforto, gero uma inquietude, um motivo para sair da cama e fazer as coisas darem certo.

E por que eu faço isso? Porque é isso que eu gosto de fazer. Porque se eu não gostasse disso, quem sabe ficaria como herdeiro das coisas que meu pai tinha feito, com uma vida muito confortável e tranquila. Muitos filhos de empreendedores fazem isso.

Eu já tinha tudo que queria e que o dinheiro podia comprar. Mas o que eu gosto é exatamente isso: empreender, fazer a diferença e deixar alguma coisa diferente.

Todo empreendedor deve deixar aflorar esse lado provocador para promover inovações no negócio e na vida dos outros. É dessas cabeças que brotam as ideias que, quando colocadas em prática, provocam transformações na vida das pessoas.

É dos questionamentos que nascem as respostas e as soluções. Não tem que ter medo de perguntar.

As perguntas nunca terão fim. Porque se você acha que "chegou lá" e sabe tudo, começa a andar para trás. Porque não existe "chegar lá". Ser um questionador te faz estar buscando conhecimento e evoluindo. E no dia que você achar que chegou onde queria e parar de questionar, acabou o seu negócio.

Não existe "cheguei lá". Nunca ninguém chegou lá. Nem eu. Ainda bem.

identificar talentos que nem as próprias pessoas dotadas de tais habilidades sabiam que tinham. É com seu olhar que consegue traduzir as respostas e convertê-las em algo que faça sentido dentro de seu campo de atuação.

É frequente que as conversas com ele comecem com uma ou duas pessoas e, conforme ele for imergindo no assunto, já tenha envolvido uma dezena delas, porque gosta de montar o quadro completo e obter opiniões, compartilhar e receber ao mesmo tempo, com pressa e sua vulcânica aptidão de enxergar os desdobramentos de cada ação.

Mas esta característica nem sempre é apreciada por quem o conhece superficialmente. Suas perguntas implacáveis, dignas de um tubarão prestes a atacar a presa diante das câmeras, desconcertam pela segurança que ele impõe na voz e sua determinação em entender como funciona um sistema complexo que não pode ser explicado em poucas palavras.

Talvez por isso seja um dos investidores mais temidos no *Shark Tank Brasil*. Não é de apontar o que há de ruim com observações. É de escancarar deficiências por meio de perguntas que não são respondidas. É disso que aqueles que o cercam têm medo: de serem interpelados quando não trazem segurança ou conhecimento necessário para defender o próprio discurso.

Ser o Rei dos Porquês tem seus prós e contras. Para ele é a marca registrada que lhe dá o poder de deter todas as informações que precisa para saber exatamente o que quer. E o que não quer. E isso pode ser assustador.

"O João é um cara que pergunta muito. Quando ele se interessa por algo, parece uma metralhadora acionada e quer ir a fundo naquilo."

É comum quem trabalha com ele perceber que algo chamou a atenção dele. Uma simples observação pode trazer uma complexidade de perguntas. Por isso, nunca se deve chegar até ele e abordar um assunto sem a profundidade necessária. Você corre o risco de não saber responder tudo aquilo que ele estiver disposto a saber sobre aquele assunto.

Ele franze a sobrancelha para ouvir e logo depois dá um sorriso involuntário. Ele sabe que conhecimento e informação valem ouro e por isso não dispensa um minuto de conversa produtiva. Não se dá ao trabalho de brincar em serviço, nem jogar conversa fora no almoço.

Seus almoços são diariamente regados a conversas intermináveis sobre negócios e ideias. É como ele oxigena a mente e interpela as pessoas sobre o que estão buscando.

Sua avidez por informações pode ser traduzida como uma insatisfação crônica de quem nunca está contente em ter uma ideia pela metade. Não há ninguém que duvide de sua capacidade de tirar o melhor de cada um.

Isso pode fazer parecer que ele é um sujeito exigente, mas ele cava para chegar onde está o melhor que aquela pessoa tem a oferecer. Mesmo que ela ainda não saiba como encontrar, ele tem a disposição de apontar o caminho. Nem sempre óbvio para quem não orbita em seu universo.

A maneira como João Appolinário faz suas sinapses cerebrais o diferencia dos demais, embora não admita isso. Ele consegue

3
QUEM CRIOU AS REGRAS?

Diziam que meu primeiro produto da Polishop não ia dar certo. Quem diz que algo não vai dar certo geralmente é quem criou as regras do mercado. Mas a pergunta que sempre fiz é a seguinte: as regras são criadas em cima do quê? As regras são criadas por quem?

Você já se perguntou isso?

Eu suspeito que exatamente por não ter entendido as tais regras do mercado que criei a Polishop.

Quem cria as regras são os especialistas. E eu te pergunto o que esses especialistas fizeram. Eles deram aula e se basearam nos estudos, sem nunca terem praticado o que falam? Acredito que para Engenharia ou Medicina todas as regras podem ser seguidas, mas para o mercado de varejo eu sempre questiono as regras que foram criadas e continuam sendo ditadas como verdades absolutas.

Se você tem uma ideia, como eu tive da primeira vez que decidi empreender, a primeira e única regra a entender é que algumas características pessoais são determinantes para que você consiga enfrentar a maratona de "nãos" que virá logo a seguir.

Assim como eu precisei, você precisará de muita determinação, autoconfiança e foco para fazer as coisas do jeito que acredita ser o certo. Porque – como meu pai sempre dizia – é só na ação que você vê o resultado. Não é seguindo as regras ou aqueles que dizem que sabem como as coisas vão acontecer com base em previsões. Porque o mundo é dinâmico e muda o tempo todo.

Pra você ter uma ideia, evoluímos na tecnologia nos últimos trinta anos o que não tínhamos evoluído nos últimos dois mil anos. As mudanças estão acontecendo exponencialmente e é isso que você deve entender a partir de agora: pensar de maneira linear não vai te levar a lugar algum. É preciso pensar de maneira exponencial.

Se você observar a história, o ser humano teve uma experiência linear. As pessoas solucionavam os problemas daquele momento e as coisas evoluíam sempre na mesma direção. Hoje a gente vive num mundo global e exponencial. Nosso cérebro nem está evoluído o suficiente para entender essa mudança. Com a tecnologia acelerada, o futuro está se desenvolvendo de forma exponencial.

Isso quer dizer que vivemos numa era de infinitas possibilidades e conforme combinamos tais possibilidades, elas originam novas oportunidades e descobertas. Ao contrário do crescimento linear, o crescimento exponencial é a multiplicação de uma constante.

Num mundo como o atual, nosso cérebro linear pode nos limitar.

E isso quer dizer que só teremos a resposta quando agirmos. É na prática que conseguiremos entender se aquele negócio pode ir adiante.

É preciso *colocar a ideia pra jogo* e, se em algum momento você perceber que aquilo não performou da maneira como você esperava, não pode ter vergonha de admitir que era preciso tomar outra decisão ou jogar os dados novamente para ir em outra direção.

Se estamos rígidos com uma ideia preconcebida na nossa mente e não temos flexibilidade para entender que as coisas são dinâmicas e outras ideias podem ser incorporadas às nossas, ficamos presos no tempo e na maneira linear de interpretar as coisas. Isso fez centenas de empresas fecharem as portas ao redor do mundo.

Eu mudo muito rápido de ideia e isso faz muita diferença na minha vida. E são estas pequenas decisões: seja de não aceitar as regras que te contaram que existem ou de mudar as regras no meio do jogo, é o que pode fazer a diferença para um empreendedor.

É muito mais fácil para qualquer pessoa entrar numa coisa que esteja estruturada e resolvida. Eu já passei por isso. Saí do negócio do meu pai para criar algo do zero. Quando eu digo criar do zero, quero dizer o seguinte: no momento que criei meu primeiro negócio, eu precisava tirar a primeira nota fiscal da empresa sentado em cima de um botijão de gás. E isso é o que eu chamo de sair da zona de desconforto.

Meu desejo naquela época era fazer algo diferente. Diferente do que meu pai poderia me oferecer para eu fazer e de que todo mundo estava fazendo.

Provocar a ordem preconcebida é um caminho que leva a uma nova linha de pensamento porque não nos acomodamos, não nos tornamos reativos ao mercado e nem aceitamos as coisas como elas são, já que podemos mudar o que for preciso no momento que desejarmos. Não devemos nos acomodar.

Não existe uma história de empreendedor que seja fácil. A minha também não foi, mas desde o começo meu grande desafio era ter discernimento do que era bom e o que não era bom para mim.

Como eu sempre gostei do varejo e tinha essa veia muito latente porque ela vinha de berço, eu sentia que era só melhorar e desenvolver esse lado empreendedor.

Eu estava nos Estados Unidos quando tive a ideia de um negócio novo. Tinha ido até lá para ver alguma inovação em automóveis, que era com o que meu pai trabalhava. Na busca de algo diferente, acabei encontrando um outro mercado: o de venda direta.

Eu já gostava de olhar para o lado para detectar oportunidades porque sabia que nem sempre ela estava na nossa frente. Às vezes tudo que a gente precisa é olhar em outra direção.

Em 1996 eu estava em Miami com meu amigo Carlos Cruz, que se tornou genro do Emerson Fittipaldi, e ele me apresentou um produto para reeducação alimentar e emagrecimento chamado Seven Day Diet para ser lançado no Brasil

Como o nome dizia, era uma dieta de sete dias, vendida numa caixinha muito interessante. Eu não conhecia nada de dieta, de informação, de produto para emagrecer, nem de venda direta. Aquele era um universo absolutamente novo para mim, que estava acostumado com carros e motores.

A primeira providência foi achar alguém que pudesse me ajudar a importar o produto para o Brasil. Foi quando convidei aquele que é hoje meu sócio, Carlos Oliveira Neto. E contratei um escritório especializado em marketing direto que pudesse analisar o projeto e o produto para mim. Era uma caixa grande com livreto, fita de vídeo, proteína desidratada. Estava confiante, porque o escritório era *expert* em marketing direto. Eles analisaram o produto e trouxeram a resposta:

– Esse produto não tem o perfil de venda direta e venda a distância. O produto não tem o preço de venda adequado para este canal. E nem o tamanho e peso para envio.

Tudo dizia que o produto não ia funcionar. Todos diziam que o produto não ia funcionar. Ninguém aconselhava fazer algo do tipo. As regras eram muito claras.

Mas eu estava ali para desobedecê-las.

Eu sabia que não queria ser apenas um sucessor. O meu objetivo era ter o meu negócio e meu entusiasmo era maior que a análise dos especialistas, consultores de marketing e conselheiros.

Eles eram convincentes. Diziam que aquela forma de vender o produto não era viável. Além de caro, alegavam que o produto tinha uma embalagem muito grande para um pacote a ser enviado pelos correios.

O mais impressionante foi que os especialistas ainda tentaram me dissuadir sobre o método de venda. Enquanto eu acreditava que seria possível vender o produto por meio da televisão e do telefone, eles discordavam disso.

Eu tinha uma certeza: eu precisava de tempo para poder explicar os benefícios daquele produto às pessoas. Era só isso.

Subverter as regras do mercado pode fazer você perceber que os especialistas vão ter muito trabalho para explicar os *cases* de sucesso que você criar quando discordar de tudo que dizem. Pensar de maneira não linear faz com que as regras do jogo possam mudar constantemente.

Investimos para iniciar as vendas do Seven Day Diet. Para não contratarmos os Correios, contratamos uma transportadora. Eu percebi que tinha um canal poderoso de vendas quando vieram os resultados.

Minha mãe dizia que desde pequeno eu não aceitava certas coisas que não condiziam comigo. Quando eu via algo diferente, não entrava na onda do que todo mundo estava fazendo. Me relacionava bem com todo mundo, mas sabia bem o que queria e o que não queria.

E, naquele momento, eu queria resultados.

Em três anos, vendemos dez vezes mais do que as minhas mais otimistas projeções. Foi então que decidimos ampliar o negócio. Ali eu vi a oportunidade de ter realmente uma empresa multicanal. Nós vendíamos o produto bem, mas sentíamos que a internet nascia e poderia ser um canal interessante.

Eu me lembro perfeitamente até hoje do primeiro dia de venda da Polishop que era uma empresa composta por três pessoas. Terceirizamos tudo.

Passaram-se dez anos e foram mais de três mil colaboradores diretos. Olho para trás e percebo que o interessante é que nem sempre o projeto é exatamente o que a gente imagina, mas o resultado é o que a gente vê desta história que só se constrói quando não aceitamos as regras do mercado e criamos novas formas de fazer o que já existe.

Só que, como tudo na vida, o sucesso não foi por um motivo só. Aliás, se você parar para observar, vai entender que tudo acontece com uma sucessão de pequenas coisas, como um acidente. Você sai de casa, esquece a chave, pega o elevador, passa no sinal... Uma sequência de coisas que acaba determinando um fato importante ou marcante na sua vida.

Então, eu considero que tudo é uma soma de todas as coisas que levam àquilo.

Mas tenho certeza que a primeira delas foi quebrar uma suposta regra do mercado.

Hoje temos a mania de ficar fascinados por pessoas que tiveram a ousadia de criar, recriar ou possuem ideias que parecem fugir do mundo real, desafiando as probabilidades ditadas pelos especialistas.

INOVAÇÃO CAIU NUMA VALA COMUM. TODO MUNDO FALA DE INOVAÇÃO, MAS EU TENHO A MINHA FORMA DE VÊ-LA. PARA MIM, INOVAR É QUESTIONAR O QUE JÁ EXISTE.

São estas pessoas, capazes de confrontar o que está preestabelecido que nos instigam e, depois de provocar o *status quo*, acabam sendo vistas como visionárias, porque viam algo que ninguém conseguia ver ou prever. Porque arriscavam mesmo sabendo de tudo que podia dar errado.

As regras podem complicar tudo e é importante sermos simples. Em todos os aspectos. Na forma de viver, de conduzir seus negócios, compreender os outros, ser compreendido. Não entre na complicação que você não vai ganhar nada com isso. Porque as análises de mercado podem estar apontando que a sua empresa não tem o potencial que você acha que tem. Mas as pessoas querem viver bem na forma simples. A simplicidade na sua essência. Não complique a sua vida. Não complique a sua vida e a da sua empresa com regras que te disseram e você nem sabe se são válidas para o seu negócio.

Até hoje essa forma de pensamento linear é o que nos faz repetir fórmulas que deram certo numa coisa para aplicar em outras e, quando fazemos isso, perdemos a capacidade de criar coisas novas que também podem dar certo.

Outro dia tivemos uma reunião na Polishop sobre uma linha infantil que será lançada. O *briefing* era que atrelaríamos natureza e tecnologia no lançamento de produtos para cabelo voltados para crianças.

Discutimos sobre embalagem, sobre fazer algo diferente do que todas as outras empresas faziam, e chegamos ao conceito: porque, no fundo, tudo já existe. Inovar é justamente questionar o existente.

Em vez de criar um produto para crianças, fizemos embalagens com algo colorido, meio maluco, com uma realidade abstrata que pudesse se adequar para crianças e adultos e atraísse a atenção das crianças pelas cores. Ao mesmo tempo, garantimos que o produto fosse hipoalergênico para que o adulto pudesse adquirir e usar.

A questão que eu quero explicar aqui é que em determinado momento da reunião surgiu a ideia de criar algo infantil, com uma proposta infantil, limitada e com meus filhos dando voz aos personagens infantis.

Eu recusei imediatamente. E quero que você entenda o porquê.

Há um tempo, quando criamos uma linha de xampu para cachorros, eu dei a ideia de no dia do lançamento entrar no palco com meus cachorros. Era um lançamento épico, para quinze mil pessoas. Eu tinha acabado de perder um dos meus cachorros e todos estavam comovidos.

Entrei no palco e falei que nós, empreendedores, quando chegamos em casa temos sempre alguém nos esperando. E, então, soltaram os meus cachorros.

O pessoal enlouqueceu, foi um sucesso. E, depois dessa emoção toda, vendemos todo o estoque no mesmo dia do lançamento. Um tempo depois, quando a história do xampu caiu no esquecimento, veio a ideia de lançarem uma linha com os meus cachorros como personagens e falando, como num desenho.

A campanha foi mais um sucesso.

Então, dentro de uma lógica linear de pensamento, cria-se uma regra: vamos fazer o mesmo com os filhos do João e transformá-los em personagens para a linha infantil.

Só que não tinha nada a ver dentro do contexto. Aquela ideia foi extraordinária dentro do que era a proposta inicial.

O que não podemos fazer em momento nenhum dentro de uma empresa é pensar de maneira linear. E o que é pensar de maneira linear? É seguir o mesmo caminho.

O mundo não é mais linear. Não existe um caminho a seguir. A trajetória do consumidor é completamente diferente quando as pessoas têm o poder de decisão. Não existe mais a coisa do linear porque as pessoas mudaram a forma de ver e de viver.

Eu aproveitei a oportunidade dentro da reunião para mostrar um vídeo de uma entrevista feita há muitos anos no Jô Soares com uma artista que pintava quadros. A entrevista é genial, porque na maioria dos quadros apresentados aparentemente ela pinta tucanos, e o que o Jô sugere – e qualquer pessoa sugeriria – que aquela senhora ama tucanos.

Então ele faz a pergunta a ela: "Você gosta de pintar tucanos?", ao que ela imediatamente responde: "Odeio".

Ele fica surpreso: "E por que a senhora só pinta tucanos?". Logo, ela responde: "Porque as pessoas compram".

A entrevista segue e ele questiona se não existe a arte, a mensagem, o prazer do artista, e ela continua irredutível "Que bobagem. Eu faço o que as pessoas vão comprar".

No final, a questão é essa.

Por isso, quando você começar a se perceber pensando de maneira linear, acreditando nas regras que parecem reger o mercado, vire tudo do avesso e crie a sua maneira de ver – de um jeito novo. De uma nova perspectiva. De um novo ângulo.

Inove o que já existe. Desafie as regras. Não pense de maneira linear. Esse é um bom começo para que as coisas deem certo.

«« ««« O QUE ELE NÃO CONTA ««« «««

var. Fazer diferente do que todo mundo faz é seu lema e se ele sabe que regras existem para serem quebradas, logo trata de ampliar a visão para observar o cenário de longe, para entender começo, meio e fim de uma história.

Apesar de inovador, ele tem a característica de ser simples em tudo o que faz. Simplificar as coisas as torna fascinantes para ele, que não gosta de quem quer complicá-las.

Para quem é vidrado em processos, suas intervenções podem parecer agressivas e turbulentas, embora acelerem coisas de uma maneira jamais vista.

Seu foco no resultado é o que faz com que as pessoas compreendam suas manobras, já que é notório que, acima de vaidades e verdades absolutas, está sempre o negócio, que ele olha de fora, como se não tivesse sido o próprio criador.

Ele pode parecer um homem de negócios que enxergou na exposição da televisão, uma oportunidade de potencializar seu negócio, mas no fundo conserva a sagacidade e astúcia de um menino descobridor de coisas que ninguém ainda viu. Essa parece ser sua maior obsessão: enxergar o que ninguém viu. Para isso, ele vive e respira.

A atuação de João no comando de sua empresa é admirável e provoca as mais diversas reações. Se em alguns momentos ele parece um leão em posição de ataque, em outros ele se diverte como uma criança que brinca num *playground*.

Alguns atribuem essa facilidade que ele tem de desempenhar os mais diferentes papéis ao fato de que ele é o dono da empresa, e não um CEO que precisa defender a própria cadeira.

Como empreendedor, ele tem atitudes inusitadas e gosta de inovar, o que o faz parecer irreverente. Em um dia você o encontra subindo as escadas com desassossego. Em outro, o encontra lado a lado com a equipe, dando ideias para construir uma logomarca de algo que para ele está na lista de prioridades do dia.

Muitos ficam desconcertados com a sua facilidade em subverter as regras e mudar de opinião. Mas ele só muda quando consulta e ouve a todos, sem distinção. Isso faz com que aquele turbilhão de ideias fermente em sua mente, até que encontrem a temperatura certa para servirem de inspiração para algo.

Se ser um quebrador de regras o faz ficar a quilômetros de vantagem quando o assunto é Polishop, a facilidade com que as quebra acaba determinando um padrão: quebrar regras é quase como ino-

4
EXPERIÊNCIA OU MORTE

Sempre lembro do dia em que eu estava nos Estados Unidos passeando com meu filho em um shopping e fomos tomar um sorvete. Começamos a caminhar com o sorvete nas mãos e eu olhei uma loja interessante. Conforme fui entrar, alguém me barrou.

Perguntei o que estava acontecendo e a pessoa alegou que não podia entrar tomando sorvete. Lamentei, dei as costas e comentei com meu filho: "Essa loja vai quebrar".

Dito e feito. Alguns anos depois, veio à falência. E era uma rede grande.

O que estou querendo dizer aqui, exemplificando com uma experiência simples como consumidor, é que o que o varejo ainda não percebeu é que a experiência de compra deve ser completa.

Na Polishop, se você estiver entrando na loja e nem estiver comendo nada, você não só pode entrar, como eu ofereço batata frita, bolo, café. Porque eu acredito que a loja tenha que ser um parque de diversões. E como todo parque de diversões, não dá para ficar apagado, desligado, sem nada em funcionamento. Um lugar com esse DNA precisa ter vida e não ser um lugar fantasma. As pessoas precisam se divertir enquanto estão ali.

Este princípio me acompanha desde que abrimos a primeira loja em 2003. Os produtos precisam ser testados, tocados, vistos, sentidos e provados. Na minha concepção, venda figurada não existe. O que existe é demonstração.

Vamos supor que você assistiu a uma demonstração na televisão e é uma pessoa mais cética. Quer ver se aquilo que foi prometido é realmente verdade.

A loja foi feita para que as pessoas efetivamente experimentem.

Há algum tempo, em uma das unidades que fica dentro de um shopping em São Paulo, eu soube que as vendedoras de outras lojas iam logo cedo na Polishop e no final da tarde com a única intenção de se arrumarem, fazer chapinha, maquiagem, massagem nas cadeiras, entre outras coisas.

Ao contrário do que imaginaram aqueles que trouxeram a notícia, logo vibrei: "Maravilhoso! Elas precisam experimentar todos os produtos!".

E por que eu disse isso? Porque todo ser humano, trabalhe onde for, é um consumidor em potencial. As mulheres que iam até a loja para se maquiar saem, vivem, arrumam os cabelos, e embora os supervisores da loja estivessem preocupados com a frequência diária daquela rotina de beleza daquelas mulheres dentro das lojas, eu fiz com que todos entendessem que elas não deveriam apenas ser atendidas, como tratadas da melhor maneira possível.

O consumidor está em todas as partes e o comércio que virar a cara para isso, está fadado a morrer.

O que eu sempre quis foi pessoas dentro da minha loja se divertindo, testando, experimentando. Se a loja tem que ser um lugar que oferece experiências diversificadas, eu quero que as pessoas estejam lá dentro fazendo aquilo que tiverem vontade. Quero crianças brincando, mulheres fazendo maquiagem e cabelo, exercício, massagem e imputar uma mentalidade de que é proibido proibir.

Não dá para impedir que alguém entre na loja chupando sorvete. Não dá para vender uma cadeira onde esteja escrito "proibido sentar".

É curioso que muitas lojas fazem exatamente isso. Vendem cadeiras caras e impedem os consumidores de se sentarem nelas. Mas de que forma eu vou ter a percepção de que ela é confortável e de que vai ficar ótima na minha sala enquanto assisto televisão, se não experimentei essa cadeira?

Já ouvi donos de pequenos negócios alegando que impedem as pessoas de se sentarem porque a cadeira pode quebrar. Na Polishop é obrigatório que as pessoas se sentem na cadeira, mesmo que seja uma cadeira de massagem de 18 mil reais. Se o meu negócio não suportar eu fazer com que as pessoas experimentem aquilo que estou vendendo, é porque nem eu acredito no produto.

O varejo precisa entender que se ele não permite experiências dos consumidores, ele é um varejo morto. E quando eu digo permitir experiências, sempre me lembro de um caso inusitado de uma consumidora do bairro de Copacabana no Rio de Janeiro.

Era uma senhora bem-vestida que entrou na loja determinada, perguntando se poderia testar um produto.

Os vendedores, que conhecem bem o conceito de experiência dentro da loja, logo disseram que sim. Ela queria testar o AirFryer.

O AirFryer da Polishop é um produto conhecido no mercado por ser uma fritadeira elétrica que faz tudo crocante, gostoso e saudável sem usar óleo. Imagine só o que é você fazer uma fritura com o mesmo sabor, sem o cheiro na sua cozinha e com mais saúde.

Pois é isso que ela promete.

Então, essa senhora abriu a bolsa e retirou um saco plástico com uma grande porção de camarão temperado. Ela pegou o camarão, colocou dentro do produto e disse que queria fritá-lo.

– Se ficar bom, eu compro – foi o que ela disse.

Enquanto esperava ficar pronto, ela contou o motivo de sua preocupação. Seu marido adorava camarão frito e todos os finais de semana ela preparava sua comida preferida, mas aquele cheiro ficava presente não apenas no seu apartamento, como no prédio inteiro.

– Ele gostava de comer o camarão frito, mas o cheiro do camarão fritando é insuportável – confessou.

Então, quando o *timer* acionou que o camarão estava pronto, ela experimentou. E adorou.

Sua expressão era de quem tinha resolvido um grande problema. Era como uma solução para sua vida. Ela não comprou apenas uma, como duas AirFryer da Polishop. Uma para ela e outra para a filha. Isso aconteceu sem que perguntasse o preço do equipamento.

O que essa consumidora queria? Que o camarão saísse do jeito que seu marido gosta e que aquele produto resolvesse o problema dela.

Só que no varejo comum estas experiências não são possíveis. Você vê os produtos fechados na prateleira e, no máximo, os supermercados com a televisão ligada na novela.

Aliás, já que estamos falando sobre otimizar o espaço dentro de uma loja e que os próprios produtos possam agir a favor da experiência de compra, vou relatar um episódio curioso, que acontece com frequência na maioria das lojas.

Antes de eu começar as minhas lojas, em meados de 2002, tive uma reunião com uma rede de supermercados porque eu queria vender o nosso grill George Foreman. Queríamos vender o grill não onde ficam os eletrodomésticos, mas onde ficam as carnes.

A ideia não foi aprovada pela rede de supermercados e eu parti para uma nova negociação.

Como existiam inúmeras televisões ali, pedi que naquelas telas pudessem ser exibidos os filmes do grill em vez da novela das sete. "Deixa eu colocar o filme do grill, para vender", pedi.

Só que não teve jeito.

Além de não aprovarem a ideia, continuaram exibindo a novela em vez de fazerem filmes dos produtos que estão dentro do próprio supermercado para vender.

Esse tipo de conduta dentro do varejo nunca fez o menor sentido para mim. Um hipermercado com produtos de tantas marcas não tem a simples ideia de pegar filmes de fabricantes de produtos para exibir e vender mídia dentro da loja, que pode fazer as vendas do produto alavancarem.

Qual seria o melhor lugar para anunciar um arroz e um feijão? Na televisão? Quando a pessoa está assistindo em casa? Ou dentro do mercado quando ela está fazendo compras?

Para construir sua marca você precisa entregar experiências. Esta é uma estratégia para se aproximar dos clientes. Isso faz parte da minha cultura que é estar próximo do consumidor e para que eu possa atendê-lo onde ele estiver e quiser.

O varejo do futuro é atender o cliente onde ele estiver. O cliente deve sempre estar acima de tudo. Hoje meus testes são no lançamento de produtos na TV. É na prática que vejo se funciona. Desta forma, eu não preciso distribuir para todas as lojas. Enquanto estamos fazendo o filme, estamos detectando as palavras que fazem o número de ligações aumentar e reforçamos aquilo que tem força para levarmos às lojas físicas.

A finalização das vendas está nas lojas físicas, embora tudo seja testado no virtual.

O que importa é que o consumidor que decide.

A Polishop se define como uma empresa omnichannel. Para nós, estes canais devem estar interligados. O que não acontece no varejo tradicional. Só que além dos canais conversarem entre si, eles são interligados. Isso é omnichannel.

Você sabe a diferença entre omnichannel e multicanal?

A diferença simples. No multicanal, são multicanais vendendo o mesmo produto. No omnichannel, todos os canais têm os mesmos produtos, as mesmas ofertas e os mesmos valores.

Se as pessoas mudaram e mudaram as formas de consumir, temos que estar sempre conectados no tipo de experiência de compra que vamos oferecer. Quem não for omnichannel está com os dias contados, porque os canais de venda precisam estar voltados para o consumidor.

O que eu quero como consumidor? Tenho todos os meus canais e as pessoas olham como essa cadeia deve ser. Porque, para você conseguir vender um produto na internet ou no mobile e entregar numa loja física, você precisa ter muita tecnologia trabalhando.

Enquanto você está comprando aqui, preciso ter os estoques dos meus trezentos pontos de venda em todo o Brasil on-line sabendo que eu estou procurando aquele produto, e com o geolocalizador eu indico a loja mais próxima de você que tem o produto para retirar imediatamente.

Ou seja, se você quiser pode passar lá e pegar – a experiência de compra quem define é você. Foi muito tempo e dinheiro investido nisso.

Alguns grandes varejistas, esperam fechar o dia, 10 horas da noite, e mandam a venda em bloco para atualizar o estoque no dia seguinte de manhã, para que seja reposto dois ou três dias depois.

Na Polishop, tudo é on-line e integrado. Se está vendendo no site, o sistema já está sabendo, já deu baixa no meu estoque e meu centro de distribuição já está separando a mercadoria para repor naquela loja.

Isso nós começamos a fazer em 2003 quando começamos a abrir nossas lojas. Integração de sistema é algo que hoje as pessoas começaram a perceber que é uma grande solução.

Porque embora a televisão seja um canal importante, não sabemos qual o momento que a venda se concretiza. É quando o consumidor vê na televisão e decide ou quando passa numa loja? É quando fala com o atendente do call center? Essa é a beleza de ser uma empresa omnichannel.

Semanalmente lançamos de dois a três produtos novos e essa resposta – se o produto é ou não interessante – vai ser dada pelos próprios consumidores.

Tudo é feito ao vivo e desta forma conseguimos detectar se um lançamento vai ser ou não um produto de sucesso. Muitas vezes a gente errou a comunicação.

Temos a ferramenta que dá condição de testarmos para preparar a equipe para que tudo isso seja absorvido. O varejo inovador me fascina. E eu sempre digo que no varejo a gente precisa se reinventar. Todos os dias. Empreendedor precisa ter o olhar voltado para tendências. Sempre buscar coisas ligadas ao consumidor. Tudo isso faz parte da minha vocação.

E quem quer ser empreendedor também tem que viver o dia a dia, estar conectado com pessoas e ter experiências reais. Não adianta se afastar do mundo lá fora e ficar trancado dentro de um escritório.

Todos os dias eu oxigeno minha mente com conversas, saio da nossa sede em São Paulo e vou passear pelos shoppings, viajo muito, estou atento ao que as pessoas falam nas mídias sociais e nos grupos.

É preciso ter experiências para poder estar conectado às mudanças. Não é apenas oferecer experiências. É vivê-las. É se portar como consumidor. É estar atento, fazer perguntas, viver a vida com paixão, observando o que está acontecendo ao nosso redor.

Nós trabalhamos para inovar em tudo e estamos sempre diversificando o que fazemos. Testamos e, por incrível que pareça, até quando quisemos abrir as lojas físicas, vivemos uma situação de resistência dentro da própria Polishop, pois alguns acreditavam que montar loja física mataria nosso e-commerce.

Hoje as lojas representam 60% das nossas vendas. E o que a gente precisa entender é que comércio é comprar e vender. Não precisa complicar.

Nossa loja nasceu com uma característica de ser uma loja de experimentação. Tem que fazer massagem, ginástica, cha-pinha no cabelo. Construa sua marca entregando experiências.

«« «« «« O QUE ELE NÃO CONTA «« ««

pressentia que, como empreendedor, jamais conseguiria atuar ao seu lado. Logo, precisava ter seu próprio negócio.

Só que, para quem atua lado a lado com ele, diariamente, não é tão simples administrar as demandas e a constante energia criativa do ousado empreendedor. Quando todos imaginam que ele se superou, ele inventa uma nova moda, porque sua mente não para um segundo.

Quem encontra João para uma conversa tem a impressão de que ele vive no tempo errado, que veio do futuro e tenta se adaptar ao ritmo do tempo atual.

"Ele é dotado de grande sensibilidade e isso parece uma antítese quando você vê o João em ação", diz um de seus fiéis escudeiros. De fato, quem o vê numa negociação não consegue entender que sua sensibilidade é perceber sutilezas nos movimentos e nas pessoas. Enxergar o que ninguém vê.

João Appolinário tem a habilidade de transitar entre o campo dos sonhos, onde nada é impossível, e a realidade, provando ser dotado de um senso prático excepcional.

Ele é o cara do papel em branco. A partir do nada faz alguma coisa gigante; isso é altamente perceptível para quem o vê de fora. E para quem apenas lê aquilo que ele realizou.

« Ele diz que tinha tudo para dar errado, porque poderia ter se tornado um *playboy* que coleciona carros importados e passa os dias de pernas pro ar, mas não. Um homem como João Appolinário, aficionado por experiências, jamais passaria a vida sem deixar suas marcas.

É com esta característica quase intimidadora de quem não está na vida a passeio que ele impõe a sua verdade, quando explica a importância de observar o consumidor e seus hábitos e faz isso com tamanha sutileza que quem o vê agindo não acredita que ele está numa missão de trabalho.

Ele conversa sobre amortecedor de caminhonete e hábitos de consumo de mulheres que vão ao salão de cabeleireiro como se aquilo fizesse parte do seu dia: e efetivamente, faz.

É conversando e se entregando às mais diversas experiências, como ouvinte, que ele capta as informações preponderantes para o seu negócio e talvez tenha absorvido essa maneira de construir as coisas a partir de experiências de seu próprio pai, quem aparentemente o inspirou como mentor.

Para João, que observava as experiências vividas pelo seu pai, era quase uma heresia fazer menos do que ele. João o tinha como referência, mas sabia que podia ir mais longe e também

« « « « « « «

5
DONO × EMPREENDEDOR

Quem me conhece sabe que a minha vida é trabalho, mas que meu lazer também. Diferente de muitos que esperam chegar ao final de semana para ter um pouco de prazer, eu funciono bem quando estou produzindo, tendo ideias e criando novos negócios.

Quando conto que não tiro trinta dias de férias há muitos anos e isso não me faz mal nenhum, as pessoas ficam chocadas. Mas acredito que como empreendedor na era que estamos, se eu me desligar das minhas atividades, eu definitivamente passo mal. Hoje estamos na era da tecnologia, a informação é muito veloz e tudo acontece muito rápido.

Ainda me lembro de quando era menino e ia com meu pai viajar para a Europa no período de férias. Ele ficava quinze dias ou mais sem fazer um único telefonema para a empresa.

Isso seria impossível num panorama atual.

Apesar disso, como a cobrança externa é grande, certa vez comecei a me cobrar de que estava trabalhando muito e precisava tirar uns dias de férias. Pois bem: fui para uma praia em Pernambuco e decretei que ficaria quatro dias só descansando e olhando a paisagem.

No primeiro dia, me levantei da cama e fui para a praia. Era tudo muito bonito e eu resolvi que ia desfrutar daquilo. Só que em determinado momento, enquanto estava ali estirado na cadeira de praia, vi um vendedor de coco e fui até lá conversar. Perguntei quantos cocos ele vendia por dia, quantas horas trabalhava, como fazia e de repente me peguei fazendo conta de quanto ele tinha de margem, e como transformar aquele carrinho de coco em uma coisa mais bonita, como ele podia expandir o negócio.

Ou seja: quando dei por mim, estava gastando a minha energia e tempo no carrinho de coco. Costumo dizer que não é que a minha cabeça funcione negócio. É que isso é empreender. Minha mente é naturalmente empreendedora e eu não consigo dissociar qualquer experiência disso.

Vejo um negócio pequeno e fico pensando em como fazer aquilo crescer. E isso independe se é algo meu ou de outra pessoa.

Meu prazer é ver as coisas se multiplicarem. Tudo que eu vejo penso em escalabilidade. Não trabalho por dinheiro, mas o dinheiro é sempre consequência do meu trabalho.

Logo que comecei, tinha a pretensão de abrir trezentas lojas. Eu conhecia gente que estava no varejo há trinta anos com vinte lojas e quando dizia que queria chegar em 2020 com trezentas lojas, as pessoas mais de uma vez deram risada.

Na minha cabeça a conta era muito simples: com seiscentos shoppings no Brasil, aquilo seria possível. Era só uma questão de tempo.

Fazer negócio é o que me dá prazer. E é o que eu conheço. É o que eu gosto de fazer. E se você se identificou com isso, é porque sua mente é empreendedora. Porque existem duas coisas muito distintas: ser dono e ser empreendedor.

Porque você pode ser um empreendedor sem ser dono. Você pode trabalhar dentro de uma empresa e empreender dentro dela. Você pode ter ideias, fazer acontecer, colocar a mão na massa, arriscar, liderar. Deixar a mente aberta e agir, sem ser reativo ao ambiente. Isso é empreender, e você pode

EU NÃO ACREDITO NO ÓBVIO. PORQUE SE UMA COISA É ÓBVIA SÓ DEPOIS QUE ALGUÉM FALA, NÃO ERA ÓBVIA. LOGO, ÓBVIO NÃO EXISTE.

empreender dentro de uma empresa sem necessariamente ser dono dela.

Dentro da minha empresa, eu quero pessoas empreendedoras, que tenham ideias, mas que tenham ação, que coloquem a mão na massa, que possam agir, liderar, cuidar de suas respectivas áreas de atuação.

As pessoas na Polishop, para crescerem e evoluírem, precisam ter o espírito de empreender. Só assim elas conseguem crescer, fazer carreira e alcançar o máximo do potencial dentro da empresa.

Ao mesmo tempo que existem empreendedores que não precisam necessariamente serem donos do próprio negócio e podem estar agindo dentro de uma empresa, existem donos que são apenas sucessores e não agem como empreendedores à frente do negócio.

Também acho que isso é uma forma inovadora de vermos o empreendedorismo, porque não é assim que as pessoas veem isso. As pessoas muitas vezes começam o seu próprio negócio, dá errado, quebram a cabeça, gastam todo o dinheiro que receberam da sua rescisão ou de toda a sua vida de trabalho, simplesmente porque não nasceram empreendedoras.

Ter a mente voltada para empreender é necessário caso você seja dono ou não. Porque se você lidera uma loja, você precisa ter o DNA empreendedor. Você precisa executar uma série de ações, como todos, mas precisa aprender a tomar a frente do negócio.

Vejo o papel de um líder, onde quer que ele esteja, como o de um maestro. Seja ele um CEO, um gerente, um executivo, alguém que liga os pontos, esta pessoa precisa ter a capacidade de encontrar o melhor músico instrumentista. O pianista, o violinista e, mesmo que tenha os melhores, saber orquestrar tudo isso.

O papel do maestro é achar as pessoas, fazer com que elas convivam entre si e criem a melhor apresentação para o público. O principal papel que você precisa ter como maestro da empresa ou na posição que estiver dentro dela é saber organizar pessoas e papéis, e conseguir extrair o melhor de cada um em qualquer situação, para trazer uma apresentação final.

Empreender é fazer com que as coisas aconteçam e fazer tudo crescer. É uma característica pessoal de um indivíduo que olha tudo com esse viés.

Porque cada pessoa tem um perfil e uma característica. Isso não se muda nunca. Se você tem uma característica, você tem um perfil próprio, e se você está sentado em uma cadeira que necessite de um perfil diferente, você vai ser a pessoa mais infeliz do mundo trabalhando, porque não tem gente melhor ou pior, ruim ou boa, o que existem são pessoas na cadeira errada ou ocupando uma função que não condiz com o perfil.

O que eu espero de um vendedor? Uma pessoa comunicativa, extrovertida, que fala com todo mundo, que conversa com todo mundo, que vai num bar, que conta pra todo mundo que trabalha com a Polishop.

O que eu quero de um financeiro? Que ele saia contando pra todo mundo o dia a dia aqui das minhas contas, quanto eu tenho no banco, quanto eu apliquei, quanto eu peguei emprestado, pra aqui, pra dentro, na hora do almoço, pra tiazinha da mercearia da frente... É isso que eu quero dele? Não. Eu quero uma pessoa reservada e discreta.

Um bom maestro sabe como extrair o melhor de cada músico e que eles saibam conviver em harmonia. E um bom líder sabe que cada pessoa com determinado perfil se enquadra em uma posição específica e estratégica dentro da empresa.

Então não existe a pessoa certa ou errada, existe a cadeira certa para aquela pessoa. Essa é a minha tese.

O que você precisa saber é o seguinte: o que você sabe fazer, no que você é bom. Não importa o que eu estou precisando pra mim, quero saber no que você é bom. Você faz o que bem? E principalmente: o que faz você feliz?

A pessoa feliz evolui, cresce, faz, acontece, e tudo mais. Eu sou feliz empreendendo. E empreendo diariamente no meu negócio, assim como empreenderia caso trabalhasse no negócio de qualquer pessoa. A característica empreendedora faz parte do meu DNA. Logo, quando empreendo, vejo as coisas acontecendo, me sinto realizado.

Ao mesmo tempo, quando sabemos que ninguém faz nada sozinho, conseguimos despertar para buscar os melhores talentos em cada área de atuação. Para um empreendedor é importante reconhecer as suas deficiências e contratar pessoas que possam ajudá-lo em suas deficiências. Nunca ache que é perfeito e não precisa de ninguém.

Quando você sabe no que é bom e foca nisso, levando gente para ajudar no que não é tão competente, todo mundo ganha. Se você tem prazer no trabalho, você vive com leveza e se diverte fazendo o que faz. Você não fica o tempo todo pensando no final de semana ou nas férias, porque você está fazendo algo que te preenche no seu dia a dia.

Para embarcar no sucesso, é primordial ter prazer no que você faz. É como levar os negócios como um jogo. Tem dias que se ganha, tem dias que se perde. Essa leveza do negócio também é importante para se ganhar dinheiro como empreendedor.

Meu pai era um cara muito desprendido do dinheiro. Tem gente que gosta de juntar um dinheiro pelo simples prazer de saber que tem um número ali, mas ele não. Ele queria viver bem, usufruir das coisas boas da vida. Não era avarento. Era generoso, ajudava os outros, e como eu fui criado nesse estilo de vida, acabei me tornando parecido com ele. Porque embora eu goste de dinheiro, vejo o dinheiro como o troféu do empreendedor. É como o reconhecimento do trabalho, não a finalidade para que se trabalha.

Quando faço um bom negócio, não tenho taça, não tenho medalhas. Tenho o dinheiro como resultado daquele trabalho.

Eu sou gerador de riqueza e gosto de vê-la se multiplicar. Por isso, quando estou na praia, olho para um carrinho de coco e fico imaginando como aquele profissional pode vender mais, prosperar. Minha mente é uma empreendedora natural e voltada para isso.

Existe aquele ditado que quem trabalha muito não tem tempo pra ganhar dinheiro. Você precisa aproveitar um pouco e ter tempo de articular. Tempo de oxigenar a mente, falar com pessoas, estar em lugares, fazer negócios.

Aproveitar, pra mim, não é ir para a praia. Fazer negócio me dá prazer. Eu gosto de tudo que traz adrenalina. E meu negócio traz adrenalina.

«« ««« O QUE ELE NÃO CONTA ««« ««

Sua facilidade em abreviar grandes projetos em reuniões de dez minutos, simplificando aquilo que teoricamente levaria tempo, pode levar a impressões equivocadas: como se o assunto não fosse importante o bastante para ganhar espaço na sua agenda.

Mas o tempo urge para ele. Quando entende que o profissional é capaz de absorver a demanda, não se importa em sair de cena e aguardar a execução do projeto, para comprovar aquilo que intuitivamente sabia.

Interessante por natureza, usa seu conhecimento e informações a seu favor, para criar conversas em quaisquer circunstâncias e só se fecha quando não quer mostrar interesse num projeto que pede que seja um investidor. Não por não considerar interessante, mas por estratégia de quem não quer valorizar o produto sem dar seu lance inicial.

Desta forma, segue indiferente em grande parte dos *pitches* de venda dos empreendedores que apresentam suas empresas no *Shark Tank Brasil*. Em alguns momentos, quando a audiência imagina que ele vai declinar do investimento, ele apresenta uma proposta, trazendo alguma particularidade negativa do negócio que faz com que o empreendedor valorize o investimento e diminua o próprio invento.

É desta forma, ora agindo estrategicamente, ora intuitivamente – sem que admita usar a intuição –, que João está à frente de um negócio que transforma a vida de milhares de pessoas. É assim, com o jeito Appolinário de ser, que João está construindo seu império.

Um homem criativo, que detém o poder e quer compartilhar sua visão, mas que tem a ânsia de que as pessoas compartilhem a mesma visão de forma rápida. Perspicaz, com capacidade de pensar e articular com rapidez, ele traz um desafio à sua equipe: é preciso que as pessoas entendam e acompanhem esse processo.

Por isso, quando percebe alguém dotado de uma capacidade que ele acredita que possa trazer uma nova visão e ritmo ao negócio, não poupa esforços para conquistar aquele que pode agregar em seu time.

Ele sabe usar seu poder de persuasão quando detecta um talento. E não o deixa escapar. Foi desta forma que fisgou alguns de seus diretores e líderes – trazendo-os para perto, entendendo como funcionavam e criando uma grande oportunidade para que se tornassem empreendedores de algo novo, dentro de uma empresa.

Ao mesmo tempo que cria novos negócios dentro de seu próprio negócio, como se a Polishop fosse uma grande incubadora de empreendedores visionários, testa aqueles que atrai para sua rede com desafios imperceptíveis a olho nu, mas quase intransponíveis para os que os enfrentam: a grande prova é que consigam criar espaço dentro da própria empresa com suas ideias e as façam ter resultado.

Se alguns decidem ir adiante quando ele traz a oportunidade de colocar grandiosos projetos em prática, outros parecem torcer o nariz para a tal instabilidade provocada pelas novas ações. Mas todas elas, quando impulsionadas por ele, ganham força e mostram-se lucrativas.

« « « « « « « «

6
PRODUTO TEM PREÇO, BENEFÍCIO TEM VALOR

Quem me conhece já está cansado de ouvir a frase "Produto tem preço, benefício tem valor". Desde meu primeiro dia de Polishop minha maior missão era imputar essa mentalidade na cabeça das pessoas que trabalham comigo.

Consumidor não quer comprar produtos. Ele quer benefícios. Todo mundo quer viver melhor e ter alguma coisa que faça diferença em sua vida. Eu acredito que ninguém acorde de manhã e diga: "Hoje vou comprar uma centrífuga, porque preciso de uma", as pessoas pensam: "Queria tanto tomar um suco natural de manhã. Um antioxidante. Um detox"...

E embora muitos acreditem que determinados ramos sejam historicamente fechados para inovações, eu digo e repito desde já: muitas vezes temos que demonstrar um problema e depois trazer a solução. Eu acho que as pessoas não são resistentes à inovação. É que muitas vezes elas mal conseguem saber que têm um problema. E essa é a provocação que você precisa fazer se você quer vender o seu produto. É necessário provocar as pessoas e mostrar a solução.

Os produtos da Polishop têm esta característica. São novas ideias que facilitam a vida das pessoas. E as inovações podem vir em produtos que já existem e são velhos conhecidos delas.

Talvez você tenha na sua casa um liquidificador e nem saiba que ele tem um problema. Você coloca as coisas dentro dele e elas ficam lá, porque ele bate somente as que estão embaixo. A maioria das pessoas está tão acostumada a conviver com o problema que nem considera um problema. Elas usam um talher, mexem e continuam ali, perdendo tempo na cozinha.

Só que aí é que está a grande sacada: eu preciso mostrar que aquele é um problema e que aquele jeito de fazer as coisas não é adequado. E que existe um jeito melhor de fazer aquilo.

Então, eu te mostro uma coisa nova que traz a solução. Um liquidificador reverso que bate dos dois lados. Você, que nunca cogitou que tinha um problema e nunca tinha sequer pensado nisso, percebe que não consegue mais viver sem aquele produto, que te traz um benefício.

No caso do liquidificador, ele faz você ganhar tudo, inclusive tempo. Porque você deixa que ele fique ali batendo os alimentos e vai se preocupar com outra coisa. Além disso, ele faz com mais eficiência, porque quanto mais você tritura os alimentos, mais eles ficam biodisponíveis para absorção no seu organismo. Algo que você nem sabia enquanto fazia do jeito antigo.

Logo, você começa a perceber que num simples liquidificador você tem mais benefícios. Você ganha tempo e com os mesmos ingredientes, consegue levar mais saúde para a sua vida e para a vida dos seus filhos, que terão as fibras do alimento.

Só para você ter uma ideia, se você acha que não dá para inovar mais num liquidificador, a Polishop também tem uma versão de um liquidificador a vácuo.

Para explicar como ele funciona, eu vou antes te explicar como acontece a oxidação. Para se ter uma ideia, seu corpo não envelhece. Ele oxida. Tudo acontece com oxigênio e a oxidação é o grande problema de tudo.

Nós estamos num processo de oxidação contínua. E quando você faz um alimento sem o oxigênio, você consegue fazer com que ele fique muito mais tempo conservado. Por exemplo: se você fizer suco e tomar um pouco, teria que naturalmente jogar fora o que restou. Nesse liquidificador, não, porque você faz um vácuo e o guarda depois.

Então, você coloca os ingredientes dentro do liquidificador, faz o vácuo, liquidifica, para e coloca. E a outra versão que eu também tenho de liquidificador não só faz tudo isso, como também esquenta. Então, você pode fazer ali dentro um molho de tomate, uma sopa, qualquer coisa, no mesmo processo, porque ele também tem a capacidade de cozinhar dentro do próprio liquidificador.

Quando eu vendo isso para você, você não está adquirindo um liquidificador. Porque liquidificador não tem valor. Você está adquirindo uma série de benefícios.

Portanto, nas reuniões, quando estamos diante de um novo produto a ser lançado pela Polishop, nosso olhar é sempre voltado para os benefícios. Vender benefícios é a alma do nosso negócio.

E, quando se vende benefícios, você precisa estar consciente de que certas coisas não têm preço.

Por exemplo: como você acredita que eu posso vender um ferro de passar roupa por 1.500 reais?

Quem já perdeu uma roupa enquanto passava, vai entender esse benefício. Porque não tem nada pior do que queimar aquele vestido de festa, aquela camisa cara, aquele terno. Esse ferro não queima.

Logo, quando eu demonstro o benefício, o consumidor não está mais pensando quanto o ferro custa. A pessoa naturalmente se percebe pensando em quanto custaram as roupas que já queimaram e o quanto vale aquela roupa que ela usou num casamento.

Isso é valor percebido. E desta forma, você acessa o emocional das pessoas que já passaram por aquele incidente. Ninguém se pergunta se vale ou não. Ninguém se pergunta quanto custa.

Eu acabei sendo visto ou reconhecido pelas pessoas mais próximas com esse pensamento de inovação.

Quando você consegue ver um benefício, surge a grande oportunidade. E isso não acontece quando estamos fazendo o que todo mundo faz.

Quanto maior o problema, maior a oportunidade que você tem.

Todas as histórias de produtos que trazemos na Polishop têm um ponto de inflexão. Aquele momento que olhamos para o produto de um jeito diferente.

Evidentemente, tudo funciona na empresa muito fora do modelo convencional. Isso acontece porque o nosso pensamento não é o lógico do mercado.

Já tivemos o tablet, que foi apresentado com números de como seriam as vendas no ano seguinte. Mas a proposta da Polishop não é essa. Não é embarcar na tendência que todo mundo está embarcando. É criar uma nova tendência.

Todo o resto do varejo vai atrás de preço. Nós não. Porque ao mesmo tempo que somos varejistas, fazemos o papel da indústria. Criamos o desejo, criamos a categoria e distribuímos o produto. E quando pegamos um produto desconhecido, contamos a história de como ele oferece uma solução para um problema, gera um desejo, uma demanda de mercado que se torna uma oportunidade para os outros.

No final, quem sempre ganha é o consumidor.

O TEMPO É UM DOS TRÊS PILARES EM QUE PAUTO OS BENEFÍCIOS DOS PRODUTOS QUE VENDO. SE É UM PRODUTO QUE TE FAZ ECONOMIZAR TEMPO, ELE VALE MUITO.

O grande desafio é manter esse DNA dentro da empresa, sempre. Porque no dia a dia é fácil sermos contaminados e corrompidos, porque as próprias notícias nos manipulam.

Para mim, inovar é questionar o que já existe. Não é uma coisa que está surgindo. A Polishop traz produtos existentes com uma gama de inovação e esse é o compromisso que assumimos.

E podemos inovar dentro de todas as linhas. Em alimentação, por exemplo, criamos uma linha de alimentação saudável que traz benefícios em alimentos que as pessoas consomem, mas que adquirem sem saber que estes mesmos produtos têm desvantagens.

Um exemplo são as bebidas energéticas. O que faz mal nas bebidas energéticas consumidas no mercado é a cafeína presente no produto. O nosso energético é inovador. Por quê? Porque ele traz um benefício: é um energético, tem cafeína, mas a cafeína é microencapsulada, feita com nanotecnologia.

Outro exemplo é com o açaí. O problema do açaí é a grande quantidade de gordura. Eu tenho um produto único no Brasil: zero gordura e zero adição de açúcar.

Quando lanço tendências, eu trago soluções para que as pessoas vivam melhor. Por isso, além da criteriosa escolha de produtos, eu promovo e incentivo que os consumidores experimentem nas lojas. Porque as pessoas precisam saber que os benefícios existem e quando elas experimentam aquele benefício, entendem que ele tem valor.

Porque se você tem um bom negócio, mas não sabe como vender seu benefício, você está ultrapassado.

Há pouco tempo tivemos uma discussão a respeito de uma empresa com a qual entrei em sociedade através do *Shark Tank Brasil* e é importante que você entenda que tudo depende de como você empacota o produto e como traz a mensagem sobre ele. É disso que estamos falando.

Esta empresa criou uma placa patenteada e um aplicativo que você controla pelo smartphone por voz ou tecla. É uma automação extremamente barata que traz vários recursos.

Quando me deparei com a demonstração da empresa, pensei: "Isso é um negócio do futuro". Mas por que pensei isso?

A partir de 2022 a conectividade será absurda. Todo mundo vai ter acesso a uma casa automatizada. Então, surgem eles, com uma solução barata para automatizar a casa, mas que não sabem como empacotar isso.

A placa não é o grande negócio. O serviço oferecido, sim. O que é preciso é focar no benefício que será apresentado para o consumidor. Isso tem valor.

Sempre que me deparo com situações assim, me lembro da história do Chapeleiro Francês:

Uma mulher foi para Paris e ela iria a um casamento badalado. Ela foi andando por uma avenida conceituada, e entrou em uma chapelaria. Era um local pequeno.

– Preciso de um chapéu – disse.

O Chapeleiro perguntou detalhes da festa de casamento, do vestido e ela explicou que era em um grande palácio, que seu vestido era em um tom de verde e como pensou em arrumar o cabelo.

O Chapeleiro ouviu tudo aquilo que ela dizia, abriu uma portinha, que era um espaço de dez metros quadrados, cheio de rolos de fitas penduradas de todas as cores e texturas e cortou alguns pedaços de fitas. Logo, fez uma combinação magnífica e criou um chapéu para ela. Ela ficou boquiaberta. Jamais tinha imaginado algo tão lindo e harmônico.

– Maravilhoso. Era isso que eu queria.

Então, ela perguntou o preço.

– Três mil e quinhentos euros – ele respondeu.

Ouvindo aquilo, ela vociferou, nervosa:

– Pelo amor de Deus. Três mil e quinhentos euros por um pedaço de fita?

Ele tirou delicadamente o chapéu da cabeça dela, desfez em poucos segundos o trabalho que tinha feito com as fitas, e as entregou da maneira como eram.

– Madame, as fitas são de graça. Pode levar.

Sempre que me lembro desta história, faço o exercício de entender o tipo de benefício e serviço que estou oferecendo aos clientes.

Usando o exemplo da empresa de automação, no momento que vi a apresentação, percebi que a placa valia muito pouco. Um dia ela poderia ser adquirida em qualquer lugar. A placa é a fita.

É desta forma que eu sempre tento ver as coisas: com uma outra perspectiva. Com outro ângulo de visão. Como se estivéssemos todos dentro de uma floresta e só conseguíssemos enxergar os galhos das árvores.

Para conseguir encontrar as soluções para o seu negócio, é preciso sair da floresta e ter uma visão panorâmica dela para poder entender para onde devemos ir. Não basta dar um passo pra trás, um pra frente ou pro lado ou rodar em círculos. É preciso saber enxergar tudo de uma maneira diferente.

Saia da floresta. Antes que seja devorado. Antes que seja tarde.

«« ««« O QUE ELE NÃO CONTA ««« «««

Vender benefícios é o jeito que ele encontrou para criar seu varejo inovador do qual tanto se orgulha. E sua ambição em estar à frente de seu tempo ou caminhando contra a maré é o que faz seus negócios crescerem exponencialmente e seus investimentos trazerem negócios inéditos que acompanham a mentalidade inovadora que faz parte de seu DNA.

Mas, afinal, onde vende esse tal DNA inovador do qual ele tanto fala?

Como conseguir observar todas as vertentes de um negócio, desbravando horizontes, criando demanda e abrindo mercado?

Quem conhece João Appolinário sabe que o que ele faz não é apenas um toque de Midas. Ele sabe usar aquilo que tem de melhor: a habilidade de relacionar tudo que capta com seu radar e transformar em algo que não deixe ninguém indiferente.

Pode ser que isso, para alguns, pareça mania de grandeza. Só que de perto ele tem os dois pés no chão. Aposta com audácia, mas sabe errar logo e entende a hora de parar. Não dá ponto sem nó, como diziam os antigos.

Ele não gosta de falar de si mesmo, mas sabe exatamente como construir a imagem de seu negócio, de forma que fique irretocável. Seja qual for o negócio. Se tem o olhar do João, não é nada convencional.

"Inovar é questionar o que existe." Essa frase sai da boca de João Appolinário como um bom-dia. Quem o conhece sabe: ele é perito em inovar e fazer coisas não convencionais e isso só parece ser possível porque ele não tem medo de errar.

Essa característica destemida o coloca num patamar acima de outros empreendedores. Erros e acertos são quase uma coisa só para a pessoa que começa algo novo, porque ele transforma aquele erro em aprendizado e tem como mantra que todos devem errar rápido.

A história de vender benefícios é uma prática tão arraigada em seu DNA quanto a inovação. Ele se diverte com a possibilidade de criar algo que ninguém pensou ou ir contra a maré.

Subverter as regras do mercado e mudar o eixo das coisas é uma de suas especialidades. Com essa dinâmica, nada com João é trivial. Porque ele é aficionado em inovações e não se contenta com o que é comum.

Seu desinteresse é despertado quando cai na rotina ou se vê sem novidades nas quais possa mergulhar com sua ânsia de provocar.

Talvez a essência provocadora de Appolinário faça dele alguém que, além de transgredir regras, amedronta aqueles que estão habituados a jogar o mesmo jogo que o resto do grupo. Com ele, é bom se acostumar com irreverências que a princípio parecem não fazer sentido, mas depois se tornam fundamentais no funcionamento do todo.

«««««««««««««««««

7
DETECTOR DE OPORTUNIDADES

Um bom empreendedor tem que ter faro para negócio. Parece frase pronta, mas a verdade é que se o faro não está aguçado, ele deixa de ganhar dinheiro.

E eu, como um sujeito que gosta de estar por dentro de tudo, faço tudo que está ao meu alcance para detectar oportunidades antes que outras pessoas as vejam.

Só que para ter esta clareza, é necessário trocar experiências com pessoas, conversar com as equipes, ter uma dinâmica de vida que te permita conviver com os mais diferentes tipos de realidades. Isso possibilita uma troca e oxigena a mente de qualquer pessoa.

Muitos me perguntam como oxigeno minha mente para estar com o radar sempre ligado no que vai funcionar e nas inovações e a resposta é simples: vivendo.

Apesar de ter uma rotina de trabalho intensa na Polishop, eu saio do escritório e visito os shoppings, falo com fornecedores, converso pelos corredores e sei de tudo que acontece dentro e fora da empresa. Isso é primordial para conhecer os hábitos e detectar oportunidades.

Se antes era preciso que fisicamente eu estivesse em todos os lugares, hoje as mídias sociais possibilitam que eu veja o que as pessoas estão buscando. Além disso, estou sempre conectado com pessoas que trazem pesquisas para eu poder entender sobre todos os mercados.

Uma das pesquisas que me nortearam a adquirir parte de uma empresa no *Shark Tank Brasil* foi feita pela maior empresa de cuidados pessoais do mundo. Eu conversava com o presidente desta empresa quando ele me apresentou dados concretos sobre os costumes de beleza das mulheres e não me surpreendeu saber que a primeira coisa que uma mulher repara em outra mulher é o cabelo.

Com os dados dessa pesquisa feita com mulheres do mundo todo, eu agrego informações que eu mesmo colho. Observo como são as minhas vendas de produtos para cabelo, começo a fazer uma pesquisa no dia a dia e constato que o cabelo, de fato, é a moldura do rosto da mulher.

Quando foco no assunto, fica fácil entender como elas lidam com o cabelo. Paro no aeroporto e vejo uma mulher jogando o cabelo de lado, outra enrolando o cabelo com os dedos. Outra com uma escova impecável. Todas querem ser percebidas e o cabelo é uma ferramenta importante para elas. Eu tinha a minha percepção pessoal e uma pesquisa em mãos confirmando aquilo que eu pressentia: tudo que está relacionado com o cabelo é uma oportunidade de negócio. E quando surgiu um casal de empreendedores falando sobre um salão de cabeleireiro no *Shark Tank*, eu detectei que ali havia algo com grande potencial de crescimento.

De cara, vi que aquela mulher e seu marido eram empreendedores natos. O nome dela é Marcella e o dele é Pedro. Logo que a Marcella se apresentou, o que chamou atenção nem foi o corte diferente de cabelo ou o tamanho da barriga. Foi sua empolgação. Grávida de nove meses, ela disse que o bebê poderia nascer a qualquer momento. E mesmo assim, estava ali para falar sobre a sua paixão – que era a sua empresa.

O negócio dela era um salão de beleza popular com duas unidades em funcionamento. Ela e o marido queriam ampliar o negócio, ter filiais com serviços e preços democráticos. Para isso, eles pediam um investimento aos investidores do programa.

Na mesa de investidores estavam eu, Cristiana Arcangeli, que é proprietária de marcas de cosméticos, Robinson Shiba, que criou a rede de fast food China in Box e Gendai, Camila Farani, empresária e investidora anjo, e Caito Maia, dono da marca de óculos Chilli Beans.

A cabeleireira contou que era ex-moradora de uma comunidade, e nascera numa família bem simples. Para ela era uma vitória grande estar naquele programa de televisão diante de nós antes dos trinta anos.

Para realizar o sonho de crescer, eles pediram 600 mil reais de investimento em troca de 15% de participação no negócio.

A primeira proposta foi feita pela Cris, que sugeriu 30% de participação com aquele mesmo valor de investimento.

Só que eu estava com os dados da pesquisa sobre a qual tinha conversado fazia pouco tempo, ainda frescos na memória e aquilo me fez ter a ideia de fazer uma proposta ainda mais ousada: sugeri investir 1 milhão de reais para adquirir 40% da empresa.

Por que eu fiz esta proposta? Porque conheço a força que tem esse mercado. Mas não estou me referindo aos cuidados com o cabelo que são voltados para uma elite. Estou me referindo a um salão de cuidados com o cabelo voltado para a massa. E vi naquele casal profissionais com potencial para tornar isso maior do que eles mesmos imaginavam.

Quando fechamos negócio, depois da minha proposta, eles ficaram emocionados. Ao mesmo tempo eu sabia que tinha sido uma boa escolha e um excelente investimento.

Eu via o surgimento dos aplicativos em que as pessoas podiam adquirir os serviços de manicure a domicílio, mas percebia que as mulheres que estavam interessadas em serviços para cabelo, nem sempre conheciam ou confiavam nas profissionais desconhecidas que chegavam em suas casas por meio da internet, e muitas delas queriam mesmo era fazer parte de um ritual de beleza que consistia em sair de casa e ir ao salão de cabeleireiro.

Para muitas mulheres ir ao salão de cabeleireiro é um verdadeiro evento e, no Brasil, essa é uma programação que foge do cotidiano. Com um lugar adequado, serviço de excelente qualidade e bom preço, aquele salão teria potencial para se destacar diante dos demais salões de cabeleireiro de bairro e iniciar uma nova era dentro do segmento de cabelos.

Conforme avançamos na negociação, começamos a criar o layout novo dos salões e a ter ideias de tudo que poderíamos fazer em parceria.

Quando conversamos pela primeira vez, perguntei a ela quantos salões ela acreditava que era capaz de abrir. Sua resposta foi: "Duzentos salões". Aquela resposta era a prova de que ela era uma pessoa determinada. Daquelas que sonham grande, mas que sabiam que tinham condições de realizar.

As startups que tentam vender o peixe em busca de dinheiro precisam estar alinhadas com a minha visão de negócio. Se já tinha investido mais de 14 milhões de reais nos negócios que vieram até mim através do programa, é porque além de detectar bons negócios, encontrei grandes líderes, capazes de atitudes corajosas que aceitavam correr risco.

Quando encontramos empreendedores capazes, que falam de seus empreendimentos com brilho nos olhos, e estão dispostos a trabalhar incansavelmente para realizar os objetivos, as ideias prosperam em conjunto.

Foi desta forma que decidimos que iríamos criar nada mais nada menos que a maior rede de salões de beleza do país. E aquela era a oportunidade para aliar os serviços de beleza oferecidos pelo Mega Salão, à marca de cosméticos e cuidados com a beleza da Polishop, a Be Emotion. Aí nasceu o Mega Stúdio Be Emotion.

Enquanto contávamos com a Marcella, uma *expert* em cabelos, para expandir os salões, percebi que a Be Emotion tinha total sinergia com aquele negócio.

Foi assim que as unidades do Mega Studio Be Emotion começaram e decidimos desenvolver uma nova linha de produtos profissionais para cabelo, sempre buscando sinergia entre cliente, cabeleireiro e marca. Além disso, a ter produtos complementares aos produtos de beleza da Be Emotion, como as chapinhas e os secadores de cabelo, a oferecer serviços de um salão de luxo a preços populares. Serviços premium como hidratação, reflexo, bronzeamento, tratamentos para a pele e manicure foram o pontapé inicial quando decidimos que aquele sonho grande poderia ser real.

Com potencial de expansão também como franquia, o negócio tem apelo, e com todas as startups abrigadas em meu fundo de investimento, aposto em expandir conceitos e ao mesmo tempo que atuo como investidor, insisto que a mentoria e network são o que há de mais valioso quando estou corpo a corpo com os empreendedores que trazem seus negócios para que possamos crescer juntos.

Minha equipe, que me auxilia na parte estratégica, sabe que todas as empresas que ficam no meu radar têm um viés de inovação e que quando decido participar de algo, não me contento em apenas investir com dinheiro. Invisto meu tempo, minha energia e minhas noites de sono. Meu intento é provocar mudanças em áreas que aparentemente estão intocadas e parecem não ter mais surpresas.

A ideia é sempre acompanhar o passo a passo de cada empresa, observando como se comportam os empreendedores de cada negócio, para que se façam novos aportes de acordo com os planos de expansão.

Desta forma, tento ver sinergia em todas as pontas, criando network entre fornecedores e as empresas. Só que eu aviso de cara que, para que a empresa decole, o piloto precisa estar atento a todo instante. Não adianta largar o comando da empresa e acreditar que com investimento as coisas caminham sozinhas. É preciso ter horas de voo, se dedicar integralmente aos projetos em conjunto, e depois colher os resultados.

Detectar oportunidades é algo que precisa fazer parte do dia a dia de qualquer empreendedor. Porque as oportunidades estão muitas vezes debaixo dos nossos olhos. Nem sempre é necessário pesquisa. É só ampliar o campo de visão e começar a agir.

O QUE ELE NÃO CONTA

O sorriso só aparece quando sente que fez um bom investimento. Mas, nos bastidores, quando efetivamente encontra os felizardos que o conquistaram, age com a naturalidade de quem encontrou um amigo.

É com cuidado que se conquista a confiança do homem que não tem medo de investir. É com atitude que essa confiança conquistada se torna uma parceria.

Alguns *cases* do programa o fazem vibrar como uma criança que comprou um novo brinquedo. Entusiasma-se com facilidade quando percebe que com mudanças simples e dinheiro, a empresa pode chegar muito mais longe do que os fundadores previam. E fica feliz quando descobre que os negócios podem ter sinergia com aquilo que a Polishop faz de melhor: inovar.

O João da televisão, detector de oportunidades, é uma personalidade que desestabiliza até os mais experientes. Mas é preciso força para impressionar alguém com tantos quilômetros rodados em inovação e centenas de projetos realizados com maestria.

Para fazer os olhos de Appolinário brilharem, não basta qualquer malabarismo. É preciso ter a magia de quem não teme o impossível e está disposto a arriscar tudo de si. Como ele sempre faz.

» Intimidador, sério e implacável. É desta maneira que o tubarão João Appolinário é visto quando entra em cena nos estúdios para gravar os episódios do *Shark Tank Brasil*.

Quem não o conhece, o teme. Suas expressões, desconcertantes, deixam os empreendedores que vão em busca de investimento quase sem fala.

A primeira peneira é encarar o tubarão. A segunda parece ser falar sem gaguejar diante das câmeras e conseguir responder todas as perguntas que ele tem a fazer quando se interessa pelo negócio.

As pessoas que o assistem de casa percebem como domina tantos assuntos com facilidade e admiram a capacidade de negociação de João, que não demonstra interesse antes de dar sua cartada.

Impecável diante das câmeras, tem a habilidade em transmitir seu conhecimento e facilidade em criar uma atmosfera de tensão quando está em cena, apesar de fazer parte do contexto, cria uma imagem que intimida.

É o homem de negócios que cuida de seu patrimônio, que não descuida de seus negócios. O empreendedor que visa multiplicar talentos e ampliar negócios.

« « « « « « « «

8

O BOM E O RUIM DEPENDEM DO QUE VEM DEPOIS

Talvez você conheça aquela história do empresário que estava com alguns problemas no negócio e foi viajar para encontrar uma mulher que diziam que fazia uma boa mandinga para as coisas na empresa melhorarem.

Ele pegou um avião, foi até a cidade onde ela morava. Enquanto ele falava sobre a sua rotina e seu dia a dia e sobre os problemas que enfrentava em seu negócio, ela ouviu com atenção. Quando ele terminou de falar, ela pediu um minuto, foi até um quarto e voltou depois de algum tempo com um pequeno saco de pano que cabia na palma da mão e disse:

– A partir de amanhã você vai carregar esse saquinho dentro do seu bolso e andar em cruz por toda a empresa. Vai entrar em todas as salas e andar de ponta a ponta, de forma que você passe por todos os ambientes da empresa.

Ele ouviu aquilo, um pouco incrédulo, guardou o saquinho e voltou para a sua cidade. Como queria mesmo tentar de tudo, decidiu fazer o que aquela mulher tinha dito, mesmo não acreditando que poderia funcionar. No primeiro dia caminhou por toda a empresa. Andou pelas salas, cumprimentou as pessoas, que acharam estranha a presença repentina do dono da empresa em todos os ambientes e sempre em cruz, mas ele continuou fazendo o que ela havia dito. Ele andava por tudo. Pelos banheiros e nos lugares mais simples e escondidos da empresa. Nenhum canto escapava ao olhar atento e à caminhada diária daquele homem.

Na primeira semana, notou uma mudança na equipe. Os colaboradores pareciam estar mais dispostos e ele acabava conversando com alguns deles. Na segunda semana, começou a notar coisas que antes não notava, mas persistiu durante um mês fazendo o que aquela mulher havia instruído. Sempre com o saquinho de pano no bolso, percorria todos os lugares da empresa, de ponta a ponta, sem distinção.

Acontece que depois de alguns meses fazendo isso todos os dias, a empresa começou a melhorar e voltou a dar resultados. Passado mais de um ano e com a empresa totalmente recuperada, ele resolveu voltar para agradecer a mulher, e levar uns presentes como forma de gratidão, já que ela não tinha cobrado nada para dar a ele aquela que tinha sido até então sua melhor consultoria de negócio.

Chegou lá, entregou os presentes, explicou que a empresa tinha se recuperado por completo e triplicado o faturamento, mas ele tinha um pedido – queria saber o que tinha dentro do saco de pano. Estava curioso para saber como aquilo tinha funcionado tão bem.

Ela pegou uma tesoura, cortou o saquinho, jogou a areia que tinha dentro dele fora e disse as seguintes palavras:

– Não coloquei nada. Tudo o que você precisava era andar pela sua empresa e fazer parte dela, viver com a sua equipe e saber o que as pessoas estavam fazendo ou deixando de fazer e como faziam para participar do seu negócio.

Essa história ilustra bem aquele ditado que diz que o gado só engorda com o olho do dono. E eu sempre acreditei nisso.

Nem sempre é quando estamos numa maré boa que melhoramos os processos da empresa. Muitas vezes, quando algo ruim está acontecendo, ou prestes a acontecer, é que buscamos novas formas de fazer o que já fazíamos.

E temos bons exemplos disso dentro da Polishop.

Em 2006 tivemos falta de fornecimento de produtos importados na Polishop.

Aquilo fez com que buscássemos mais fornecedores nacionais e o que parecia um grande problema, nos levou a descobrir empresas fornecedoras nacionais com grandes oportunidades.

Foi por conta disso que mudamos formatos de produção dos nossos filmes, passamos a fazer programação ao vivo começamos a ganhar agilidade nos processos e criar muitas coisas que não fazíamos.

A empresa cresceu depois disso.

Aqueles tinham sido os meses mais difíceis para nós, mas conseguimos ver oportunidade de ter fornecedores locais.

A pergunta que nos fazemos hoje é: "Será que estaríamos aqui, deste tamanho, se não houvesse aquele problema? Se aquela crise, que parecia ruim num momento, não tivesse nos despertado para novas soluções?".

Um momento de dúvida, de desafio, em qualquer área da empresa, pode conter grandes oportunidades de crescimento, porque passamos a enxergar algo que não víamos antes, quando tudo estava indo bem. Ou algo que jamais observaríamos, porque estávamos focados em outra coisa.

Por isso não canso de dizer: "O bom e o ruim dependem do que vem depois". Seja no caso do sujeito que teve que ver seu faturamento cair para andar pela empresa dele e ver o que estava acontecendo e entender o funcionamento de tudo e fazê-la prosperar, ou no meu caso, que teria uma queda abrupta no lucro, mas que se não houvesse aquele momento difícil, jamais viraria a chave ou cresceria da maneira que crescemos como empresa.

Se você tem um problema na sua empresa, a única coisa que não vai fazer com que você o resolva é ficar se lamentando sobre ele. Lamentar não vai pagar conta alguma.

Quando digo que o bom e o ruim dependem do que vem depois, eu digo que nem sempre o caminho é linear, mas muitas vezes você está envolvido em uma história que vai acabar em outro lugar.

Tenho inúmeros exemplos na empresa de parcerias que deram muito certo, mas também vieram depois de experiências aparentemente negativas.

A primeira delas é de quando o Rogério Nogueira, hoje meu diretor de marketing, entrou na empresa. Ele era um jovem que tinha acabado de sair de uma agência de propaganda e produtora e estava cheio de ideias. Ele veio trazer um produto, que era um patinete que acreditava que seria interessante para a Polishop e já vinha com um filme do produto.

Olhei para aquele jovem e percebi que aquele produto não tinha qualquer possibilidade de entrar na empresa, mas ele, o Rogério, era um profissional que parecia ter potencial para colocar em prática uma ideia que eu tinha.

Como sempre, fui direto ao ponto: "Não tenho interesse no produto, não combina, não tem certificação, mas tenho interesse que você trabalhe comigo aqui dentro".

Por alguma razão, ele aceitou. Negociamos e dei um voto de confiança a ele. A missão seria implementar um projeto audacioso que eu já tinha: criar uma produtora dentro da Polishop para que pudéssemos fazer nossos próprios filmes dos produtos a serem exibidos na televisão. Era um grande desafio. Projetamos tudo a quatro mãos e acreditamos que aquilo seria inovador.

Como em outro, havia as leis que regiam aquele mercado, e na televisão era a mesma coisa. Precisávamos entregar o melhor e não fazer como todo mundo fazia. Montar uma estrutura de televisão dentro de uma empresa de vendas foi absolutamente fora do convencional. Tínhamos a liberdade de criar, questionar o que existia e montarmos aquilo que acreditávamos que seria o modelo Polishop.

Hoje, em todas as operadoras de TV a cabo e na TV aberta, através de antena parabólica, temos um canal de TV que funciona 24 horas. Todos são orquestrados e as programações e os números de telefones são independentes para que possamos saber o resultado de cada mídia, e o nível de intervenção na empresa é muito automatizado.

Eu consigo saber se o sinal está chegando bem na casa das pessoas e consigo resolver imediatamente. Com um eventual problema no canal, eu consigo monitorar 24 horas por dia.

Além disso, hoje monitoramos todas as redes sociais, para saber a intensidade de procura pelas palavras. E com estes dados vou sabendo a relevância destes produtos para o consumidor em tempo real. Isso me alimenta de informações e retroalimenta as redes sociais, porque sei o que os influenciadores digitais estão falando e de que forma isso está afetando as vendas do produto.

Na produtora que hoje chamamos de Pollywood temos um complexo de três estúdios de gravação equipados para replicar ambientes completos de uma casa, além de switchers de televisão, salas de edição de vídeo, operadores de áudio, câmeras, profissionais que têm habilidade técnica para trabalhar em qualquer estúdio de TV no mundo. E toda essa brincadeira começou quando um jovem foi oferecer um patinete para a Polishop.

Percebe que podemos extrair um bom suco de cada situação, seja ela qual for? Que às vezes achamos que aquele caminho não está dando certo, mas a partir dele seguimos numa direção mais efetiva que realmente vai nos fazer olhar para um novo horizonte?

O bom e o ruim dependem do que vem depois. Lembre-se disso e tente sempre enxergar que o que vem depois só depende de como você vai reagir ao que aconteceu e trazer uma nova perspectiva e atitude diante de algo que seria perda de tempo e dinheiro.

«« «« O QUE ELE NÃO CONTA «« ««

enfrentando os desafios. De longe, ele observa, apoia quando precisa, mas não fica de mão dada para que a pessoa não leve alguns tombos. Deixa cair para ver levantar.

Por conhecer as próprias imperfeições e entender o comportamento humano, ele entende que todos podem errar. E, desta forma, não fica focado nos erros que trouxeram resultados negativos. Busca enxergar o que pode ser feito a partir daquele erro e transformar o obstáculo numa mola que impulsiona tudo para cima.

João é tão focado no futuro que se nega a remoer o passado, a olhar para trás, a regurgitar o erro ou distribuir culpas. Ele observa, resolve, e tem a capacidade de enterrar os assuntos, sinalizando o que aconteceu de forma clara e educada, para ver o que é possível a partir daquele episódio.

Não que não dê importância para o que deu errado, mas tem a facilidade de entender que aquele erro pode ser uma ponte para algum caminho novo e não se nega a atravessá-la.

Esse poder de resolver as coisas é um sinal grande do respeito que ele tem pelas pessoas que o cercam. Muitos colaboradores atribuem a admiração pelo João ao fato de que com ele não existem meias palavras: sua franqueza desmedida faz com que as pessoas sempre saibam o que esperar dele.

Uma das características marcantes de João Appolinário é detectar o que há de melhor nas pessoas e saber extrair aquilo. Como se pudesse enxergar além do que foi dito.

Com um faro incomum para perceber peculiaridades, ele não perde tempo quando enxerga alguém com coragem diante dele. Sem medo de arriscar, joga uma responsabilidade e um desafio para quem ele elege como capaz de assumir a missão, e aposta nas pessoas mais do que elas mesmas apostariam em si.

Esse voto de confiança é dado com a seriedade de quem acredita que terá resultados. João delega, confia, mas entende que sua intervenção sempre é necessária, embora em alguns casos a conexão seja tamanha que ele ouve mais do que fala.

Sua humildade em dizer que não sabe o que deve ser feito e consultar diferentes opiniões até formar a sua própria é uma de suas maiores virtudes dentro de sua liderança.

Embora a escolha e o martelo final sejam sempre batidos por ele, seu profundo envolvimento com o desenrolar dos projetos que delega é a chave para a segurança de quem executa as ideias que ele aceita ou propaga dentro da empresa.

Focado em resultados, no fundo ele age em sua empresa como um pai que zela pelos seus filhos. Entrega uma grande responsabilidade e empurra para que aquele profissional cresça sozinho,

« « « « « « « «

9
NUNCA É TARDE PRA ENTRAR NUM NOVO MERCADO

Ao longo destes anos de Polishop, nunca desprezei novas ideias ou ignorei novos mercados. Acho saudável que um empreendedor possa se permitir olhar para outros horizontes a fim de perceber o que aqueles mercados podem agregar no seu negócio. Além disso, sempre falo que também existe a possibilidade de reinventar um negócio que já existe, e se inovação é questionar o que já existe, isso é algo que sempre fiz.

Em 2009 eu estava buscando possibilidades para implementar um sistema de venda direta dentro da Polishop, mas encontrava alguns desafios: o primeiro deles é que todos vinham com o mesmo entendimento – que venda direta é monocanal. Ou seja, como todas as outras.

Muitas pessoas acreditavam que os canais poderiam competir entre si e que, por isso, não dava para a Polishop também ter venda direta. A minha tese é que os canais não competem entre si, mas sim se complementam.

Até que encontrei um profissional que era um profundo conhecedor do mercado de venda direta e entendeu a minha tese: de que os canais se complementariam.

Para entender a lógica que eu seguia, vou dar um exemplo simples: se a venda direta é uma venda de relacionamento, ou seja, somos amigos e eu te ofereço um produto e eu tenho a capacidade de estar com você em algum momento para oferecer este produto, caso eu tenha algum produto da Polishop para te oferecer em uma loja virtual, você naturalmente vai preferir comprar de mim do que na loja física que nem conhece ninguém e que muitas vezes nem tem próxima à sua residência. É uma venda que é feita por meio do relacionamento entre pessoas.

Por isso, nunca achei que a venda direta pudesse competir com as lojas ou qualquer canal de venda da Polishop. Tudo aquilo que fiz de apoio, na televisão, na internet e na loja física, simplesmente faz com que o empreendedor que está ali, na linha de frente do negócio, beba nesta água, porque ele é demonstrador e um vendedor do produto.

Naquela época, aquele profissional entendeu a ideia e abraçou o projeto.

Se no passado as pessoas ficavam admiradas que a Polishop vendia por call center, e-commerce e tinha loja física, causou ainda mais admiração quando perceberam que era possível ter venda direta também, mesmo com todos os outros canais de venda e que não competiam entre si.

Além de tudo, a Polishop era uma empresa reconhecida no mercado. Não era uma empresa desconhecida da qual ninguém tinha ouvido falar querendo ingressar na venda direta.

Quando a empresa é desconhecida e começa a atividade em venda direta, aquele empreendedor precisa primeiro explicar quem é a empresa e de onde veio e, depois, apresentar os seus produtos. No nosso caso, a pessoa não precisa explicar quem é a Polishop. Ela já vai para a venda do produto.

Vamos supor que tenho que explicar quem é a empresa e depois o plano de negócio. Eu teria que fazer duas explicações. Com isso, simplificamos tudo. Da maneira como eu gosto sempre das coisas: simples.

Sempre soube que existia ali uma grande oportunidade de fazer alguma coisa diferente e inovadora.

Aqui vai um parêntese: uma vez que a Polishop é considerada uma marca de alto renome, todos querem se associar ou estar próximos à empresa, porque ela agrega valor.

Voltando um pouco na história da Polishop para contextualizar como conquistamos esse patamar, de tantas marcas no Brasil, apenas três marcas no varejo são marcas de alto renome. E a Polishop está entre elas.

Nós na Polishop nunca fizemos propaganda institucional e, mesmo assim, após dez anos passamos a ter notoriedade e hoje temos o selo do INPI como uma marca de alto renome.

Qualquer empresa, quando tem uma marca, faz o registro para uma categoria ao iniciar suas atividades. Então, fizemos o registro na categoria de varejo. Varejo de roupa, de eletrônicos... No entanto, se alguém quisesse montar uma transportadora com o nome Polishop ou uma borracharia com o nome Polishop, isso seria possível porque está dentro de outra categoria.

Assim funciona no mundo todo.

Mas, a partir do momento que você se torna uma marca de alto renome, isso não é mais possível. Você passa a abranger todas as categorias. Por exemplo, você não pode montar uma loja de roupas chamada McDonald's ou Ford ou Land Rover, ou seja, essas marcas são de alto renome.

E uma pesquisa feita pelo Datafolha com a população brasileira acima de dezesseis anos e economicamente ativa trouxe um dado interessante: dentre 166 milhões de pessoas, 94% conheciam a Polishop. Ou seja: 94% das pessoas no Brasil conhecem a Polishop. E 92% dessas pessoas que conhecem, ligam e relacionam a Polishop à empresa de produtos inovadores de qualidade.

Então, a marca Polishop foi carregada pelos tipos de produtos que nós vendíamos. O interessante é que não foi investindo institucionalmente na marca, eu nunca fiz isso. Essa conquista foi trabalhando o produto, que é o que temos de melhor.

Sabendo disso, e que na Polishop os canais não competem entre si, pelo contrário, são complementares, já que um infomercial na TV ajuda a vender pela internet ou call center, foi entendendo melhor esse mercado de venda direta que passei a tecer uma nova história dentro da Polishop. Apresentei nossa plataforma, nossos produtos, nosso estúdio de televisão e percebemos que tínhamos tudo que nenhuma empresa de venda direta tinha.

E, ao implementar a venda direta, adotei uma forma de remuneração multinível. É importante que você entenda isso: eu estava interessado em abrir um canal de venda direta e adotei um formato multinível de remuneração para isso. O sistema de implantação durou alguns meses, desenvolvemos com os nossos próprios programadores internos, porque sempre tivemos as características de fazer tudo dentro de casa.

A programação não foi simples, porque o mesmo produto que vende no canal de venda direta, vende no site e na loja e isso se torna mais complexo porque a Polishop é integrada. Essa é a complexidade da história do omnichannel: vendemos produtos em todos os canais, pelo mesmo preço.

Você pode comprar pela internet e buscar numa loja. Criou-se uma nomenclatura para isso. Existia uma escala linear para o produto chegar num consumidor final, e na Polishop, em todas as áreas de vendas, chegam ao consumidor. A empresa fala para o consumidor – esse produto vai preencher essa necessidade que você nem tem. Então o consumidor identifica a necessidade e compra.

O consumidor está no meio e todas as áreas falam com ele. O consumidor fala qual a necessidade dele.

Quando começamos com este canal de venda direta, tínhamos apenas produtos de bem duráveis. Como eu sabia que só não daria certo se eu desistisse, eu só entendia uma coisa: se é pra errar, vamos errar rápido. E desta forma começamos o canal Polishop.com.vc.

Estávamos ali para colocar um projeto de pé. Sabíamos que tínhamos um bom projeto em mãos.

Alguns *cases* fizeram com que as pessoas olhassem com outros olhos para o Polishop.com.vc e em algum momento decidimos ter um energético da Polishop. Criamos o Poli Energy, um produto que passou a vender muito e em menos de quatro anos atingimos o número mais de vinte milhões de unidades.

A Polishop.com.vc me mostrou não somente que nunca é tarde para conhecer e embarcar num novo mercado, mas também que podemos mudar a maneira como nos relacionamos com nosso mercado a partir de aprendizados em outros.

Eu, por exemplo, antes dessa empreitada, não estava habituado a dar palestras e treinamentos para um grande público. Comecei a subir ao palco para motivar os empreendedores da nossa rede e, quando percebi, já estava emocionado com os *cases* de sucesso que as pessoas traziam, com a maneira como aquelas pessoas vestiam a camisa da Polishop e com os resultados obtidos, além da visão dos empreendedores que se motivavam a levar a marca e formar as suas redes.

Há pouco tempo criei, dentro do nosso canal de TV, um espaço onde entrevisto os empreendedores que começaram a empreender com a Polishop, e essa também foi uma nova atividade para mim, que sempre estive acostumado a estar atrás da cadeira de fundador da empresa e passei a desempenhar outros papéis dentro dela, até mesmo diante das câmeras.

Por isso eu digo e repito que nunca é tarde para se reinventar e para observar as tendências de mercado. Ninguém quer ficar pra trás.

Busque se informar sobre aquilo que você não conhece.

É importante, como empreendedor, você se despir de preconceitos e passar a interagir com outros mercados e pessoas diferentes entre si, para absorver o máximo de informações para incorporar em seu negócio.

E se errar, erre rápido. Mas comece.

»» ««« O QUE ELE NÃO CONTA ««« ««

pelos milhares de empreendedores que estampam o nome da empresa em suas camisas: ele é o modelo de empreendedor que eles querem entender como pensa, como lida com as dificuldades, com os desafios, com a gestão de um negócio e como a visão e olhar atentos podem fazer a diferença no dia a dia.

Sem roteiro ou palestras pré-elaboradas, ele sempre pisa no palco com a mente aberta para falar sobre o que mais entende: varejo, inovação e empreendedorismo. É o que ele carrega em seu DNA e expressa com força e sabedoria.

Se um jornalista o surpreende com uma pergunta fora do contexto, ele logo conta uma história para ilustrar onde quer chegar. É perito em fazer com que as pessoas consigam enxergar a vida da maneira como ele enxerga. E se antes acreditava que era óbvio demais para ser explicado, hoje percebe que cada um olha para uma situação de um ângulo específico e isso o desafia a interagir com o maior número possível de pessoas, a fim de compor novas maneiras de olhar para um mesmo cenário.

«

"Os canais de venda se ajudam", é o que ele sempre diz quando explica sobre o modelo omnichannel. E ele sabe do que está falando. Não foi à toa que decidiu embarcar na Polishop.com.vc com todas as forças.

Em cada evento com milhares de empreendedores de todo o Brasil ele consegue enxergar como o engajamento das pessoas conectadas ao canal de vendas diretas da Polishop é eficiente.

Se acredita que relacionamento é um ativo que precisa ser cultivado, é porque se interessa por cada detalhe deste modelo. Se antes era avesso aos palcos, foi durante os eventos com os empreendedores que resolveu se dedicar a este tipo de interação com mais afinco e percebeu que a sua história era um dos seus principais ativos quando estava diante de uma plateia.

Todo mundo queria saber como aquele líder pensava e o silêncio diante das palavras do fundador da empresa foi a coroação desta constatação.

Quando João Appolinário entra em cena em seus eventos, ele não é apenas o fundador de uma empresa de renome e admirada

« « « « « « «

10
CRESCIMENTO SUSTENTÁVEL

O que é crescer para você?

Ao longo destes anos, com a experiência que tive com a Polishop, entendi que todos podem errar, porém têm que errar rápido, porque o tempo é valioso, e aprendi a pensar em longevidade da empresa e isso só se concretiza quando existe um crescimento com responsabilidade.

Crescer com muita responsabilidade é necessário para não crescer sem controle. Para se ter um crescimento sustentável. E desde que a Polishop nasceu eu tinha um sonho – o de vender produtos inovadores e criar um varejo do futuro que não fosse parecido com aquele varejo que só visava a disputa pelo menor preço.

A questão é que, quando eu comecei a idealizar a Polishop, eu trabalhava meio período com meu pai e meio período no escritório que eu e meu sócio, Carlos Oliveira Neto, tínhamos acabado de montar. O Carlos é um homem dedicado e focado, empreendedor e tinha uma trade de importação naquela época. Éramos dois jovens no início de um novo negócio.

Era nítido que precisávamos de alguém que organizasse a empresa que estava nascendo, e meu pai, como grande mentor, percebeu que precisávamos de alguém que entendesse de processos. Foi nesse período que ele indicou uma pessoa que trabalhava numa empresa que poderia prestar consultoria para mim. É onde eu falo: foi muito importante para mim a mentoria que tive do meu pai. Ele que identificou que eu precisava de alguém que pudesse nos ajudar a criar processos para aquilo, porque eu estava falando em vender pela televisão, via call center, via internet logo no começo do e-commerce. Era um negócio totalmente novo. Eu estava falando em vender para consumidor final a distância, antes de 1999, quando isso não existia.

Precisava de transportadora, controle de entrega, era um sistema complexo e não uma loja em que as pessoas chegavam e compravam. Eram transações virtuais com cartões de crédito, via telefone, sistema, ligação. Tudo isso com estoque interligado com call center. Era impossível ter tudo isso sem um sistema.

Foi nesse período que surgiu a figura do Leo Braga, que até hoje ocupa o cargo de superintendente comercial da empresa. O Leo chegou ali para prestar consultoria e mostrar que pra colocar a empresa de pé precisávamos de Processos, Sistemas e Pessoas.

Sabíamos que era preciso um Departamento Financeiro, contábil, tecnologia, TI, e no dia que nos vimos pela primeira vez, curiosamente eu estava tendo um problema no notebook, que não funcionava. Impaciente, eu brigava com a máquina até que ele, alguém que tinha formação em TI, ofereceu ajuda. Foi o início de uma parceria que duraria até hoje.

Eu tinha muitas ideias na cabeça e precisava de alguém que conhecesse muito de sistemas. Ele sabia organizar as minhas ideias e colocava tudo dentro de um sistema. Ali começou a nascer nosso SIP, que é o Sistema Integrado Polishop. Ou seja: o sistema que usamos até hoje, nasceu naquele primeiro momento com o Leo.

Meu primeiro investimento foi em tecnologia da informação.

Logo que você começa um negócio, essa visão de sistemas, processos e pessoas, que parece óbvia, não é tão

TER SIDO UM GRANDE QUESTIONADOR DA ORDEM NATURAL DAS COISAS É O QUE ME TROUXE ATÉ AQUI.

simples quando se coloca a mão na massa. Processos e pessoas têm de tudo, mas qual o perfil para cada *timing* da empresa?

A pessoa deveria ter experiência, caber no *budget* e ter o perfil ideal para aquele *timing* da empresa – que ainda estava no início. Era um desafio e tanto.

Hoje, fazendo uma retrospectiva, percebemos que conforme fomos crescendo esse modelo de estruturação foi matando a concorrência porque a operação passou a ser 360 – já que passamos a pensar no desenvolvimento do produto, no desenvolvimento da comunicação, nos canais de venda, no pós-venda e a fazer tudo funcionar, é preciso entender que tudo funciona como uma cadeia: tem a prospecção do produto, a comunicação, o trade marketing, a meta comercial, a venda efetiva, sempre mensurando a excelência de cada uma das atividades.

Só que se a logística não entrega no tempo certo, a casa cai. Se a logística entrega, mas o SAC não funciona, você perde seu cliente. Se o pós-venda não atende corretamente, você entra num ranking negativo. E se você faz tudo bonitinho, mas não vende, a sua performance de venda é péssima. Ao mesmo tempo, se tem uma equipe ruim, não sabe posicionar o produto num ponto de venda ou não tem indicadores de performance para avaliar tudo isso, você pode estar falhando em algum ponto do processo.

São indicadores de performance que dizem se a atividade logística está adequada e se o consumidor está recebendo o produto no tempo certo. Hoje existe um time de logística que absorveu tudo isso, e o que temos é que desenvolver times e esses times desenvolvem essa metodologia de trabalho e trabalham em cima dela.

Hoje, olhando tudo isso, parece simples, mas quando comecei a empreender lá atrás, logo que surgiu a história do Seven Day Diet, não foi tão simples nem intuitivo.

Eu tinha tido a oportunidade de conhecer o Emerson Fittipaldi e ele tinha um mentor, que o ajudava na parte de alimentação, e era um excelente nutricionista: o nome dele era Gary Smith. O Gary tinha desenvolvido uma dieta para o Emerson, que viajava muito e levava sempre tudo pronto, e nos Estados Unidos começava um novo negócio em torno dessa dieta.

Trouxemos a dieta para o Brasil e no início usávamos até o mesmo filme dos Estados Unidos, só que dublado em português. A história era a seguinte: uma caixa com um livreto e sete dias de alimentação.

Adaptamos para o público brasileiro inserindo um leite de arroz, que era algo inovador na época, e lançamos o produto. Hoje, quando vemos os números, parece que só colhemos os louros da vitória, mas a verdade é que o desafio foi enorme.

O começo foi emblemático porque havia a presença próxima de um cara que era um ídolo e existia um potencial para que aquilo fosse grande. Um homem como ele seria um acelerador dentro do processo.

Desta maneira surgia o primeiro produto da Polishop: e esse produto era um alimento.

Trabalhar com alimento em logística e transporte era delicado e eu nem sabia disso. É um produto que se você não acondicionar bem, ele junta bicho, vence, degrada.

Tivemos muitos problemas de manuseio por conta disso, o que tornou a operação mais sensível. Não podíamos correr o risco de as pessoas receberem nada estragado e estávamos atentos a todas as regulamentações com a Anvisa.

O fato de ser um alimento fez com que tivéssemos mais atenção ainda. Eu não posso olhar uma embalagem lacrada para ver se está bom e enviar. Se faço isso estou causando um dano ao produto.

No começo, tivemos muitos problemas logísticos para inspecionar, armazenar e expedir. Esse ciclo logístico. Quando a operação era terceirizada, éramos apenas mais um cliente.

À medida que veio para a nossa mão, fomos mais assertivos na hora de fazer esse processo acontecer. E quando eu falo em vir para nossa mão é que nos responsabilizamos por toda a operação, começando pelo call center.

Isso porque mesmo que tudo estivesse funcionando, não adiantava contratar uma empresa com os mesmos atendentes que atendiam ligações sobre cartão de crédito e plano de saúde. Precisávamos de algo nosso, pessoas altamente treinadas e capacitadas, e foi aí que veio a ideia de contratarmos nutricionistas recém-formadas para poderem atender o telefone.

A ideia, que poderia parecer absurda, funcionou principalmente porque as pessoas que compravam tinham perguntas específicas. As informações eram técnicas e faziam mais sentido quando eram explicadas por uma atendente com conhecimento em nutrição do que por uma pessoa de call center que atende reclamações.

Durante um ou dois anos ficamos apagando incêndios como qualquer pequena empresa, e só depois vimos que tínhamos tantas oportunidades em mãos. Era um olho no equipamento de ginástica – porque sabíamos que as pessoas queriam cuidar da saúde – outro no leite de arroz, porque víamos que era um produto pouco conhecido no Brasil.

Foi nesse processo que começamos a agregar outros produtos, pensando na linha de saúde, e iniciamos o e-commerce e a nossa marca que não podia ser a nossa razão social.

O importante é você perceber que tudo começa de algum ponto. Durante um ou dois anos vivemos de um só produto. Se o produto desse certo, a empresa daria certo. Se desse errado, a empresa daria errado.

Só que éramos chegados num bom desafio – e se o alimento tinha dado certo, achamos que tudo daria. Então, desenvolvemos uma parceria com uma empresa americana que fabricava e vendia produtos de ginástica. O nome do produto era Total Gym e o garoto-propaganda era o Chuck Norris.

O produto vinha numa caixa enorme e pré-montado. Além de pesar um caminhão, ele tinha cubagem, duas variáveis importantes quando íamos mensurar valor e frete. O produto tinha peso e cubagem. Era pesado e grande.

Passamos por um segundo desafio, que era conseguir melhorar a última milha – que era a entrega final na casa do cliente para que aquilo fosse viável.

Chegávamos a pagar 200 reais para entregar e a margem para o resto da operação era pequena. Tínhamos que entender o que fazer e negociar muito bem, para em vez de pagar 250, pagar 100 reais.

Mas ainda éramos uma empresa nova, um produto novo. Tudo era uma grande descoberta e negociar tabela, quando se trata do começo de uma empresa sem histórico, não é a tarefa mais fácil.

A todo momento você encontra dificuldades quando vai para um segmento novo. E mesmo quando fomos abrir lojas em shopping, para o mundo do shopping éramos uma empresa nova, entrando no segmento de shopping e eles não queriam abrir as portas.

Assim como toda inovação encontra uma barreira, todo negócio quando está começando vai encontrar os seus desafios que não serão poucos.

Sempre há um paradigma a ser quebrado.

Depois de alguns anos viabilizamos o segundo produto. Entramos forte na mídia televisiva. Tínhamos um inventário de mídia muito grande e isso era estratégico para o funcionamento da empresa.

O *case* da vez era comprar pela TV. Tínhamos produtos legais, uma mídia muito bem-feita, uma operação 360 funcionando – o negócio decolou. Vendíamos bem, o ticket médio crescia e o faturamento foi crescendo.

A gente fala muito de escalabilidade e isso é fundamental para qualquer empresa. Você tem que escalar as suas áreas de acordo com a demanda. Você cresce a sua logística em relação à área de armazenagem, equipe. Vai escalonando o negócio à medida que ele vai crescendo.

Não adianta montar o melhor site sem produto e gestão. Tem que crescer de acordo com a demanda. Tem pessoas com o melhor escritório, melhor ponto, a mesa com um conceito, e isso é perfumaria, embalagem. A conta precisa fechar para o crescimento ser sustentável.

A evolução da empresa tem que ser diretamente proporcional à evolução dos negócios dentro da empresa. Pense no seu negócio com longevidade. Seu crescimento precisa ser sustentável. A não ser que queira abrir algo com os dias contados pra fechar as portas.

«« ««« O QUE ELE NÃO CONTA ««« ««

corrida até que aquilo, que antes era um sonho, saia do campo das ideias e se materialize diante dele.

Se vai demorar bastante, ele precisa ser informado quanto tempo leva. E ser informado a cada etapa concluída, para que tudo pareça tangível.

É desta forma que os processos são estruturados.

Todos que saem de sua sala são extremamente preparados para responder acerca dos cronogramas físicos e financeiros. Quem não consegue desenvolver uma linguagem rápida, dinâmica e simples para comunicar o que precisa ser entendido, também é interpelado com pressa.

Ao longo dos anos, a postura de líder que inspira fez de João um homem que passou a enxergar que as pessoas o viam com admiração – coisa que até então parecia evitar perceber para não cair no campo da vaidade.

Sempre pronto para testar tudo que o mercado oferece, partiu dele a ideia de implementar um teste comportamental na empresa onde todos pudessem conhecer a visão e o perfil uns dos outros, usando a avaliação para ler e interpretar como agir e lidar com o outro.

Desta forma alguns perceberam como podiam amenizar conflitos e puderam respirar aliviados, afinal, cada um tem seu jeito de enxergar as coisas.

« "Um cara muito empreendedor. Nunca conheci um cara tão empreendedor como ele. Esse empreendedorismo às vezes extrapola. Às vezes vira sonho."

Para quem trabalha ao lado do detentor das ideias mais inovadoras do varejo brasileiro nem sempre é fácil.

Concretizar aquilo que está ali nascendo como uma ideia na cabeça de João muitas vezes é como decifrar um enigma. É preciso observar sob todos os pontos de vista até perceber aonde vai chegar e o que trará consigo.

O papel de muitos dos colaboradores é justamente esse: trazer a ideia do João para um modelo viável dentro da Polishop – e estar preparado para a infinidade de questionamentos e novas ideias que virão a seguir.

"Como não pode?", é o que muitos escutam quando trazem novas perspectivas ao Rei dos Porquês.

Ele fareja que aquilo pode ser cumprido a longo prazo, mas sempre sente que o tempo é agora e é preciso testar, e rápido.

Só que para realizar as coisas é preciso tempo. E esse tempo para ele, precisa ser mensurado, ou seja: dia e hora para acabar.

Prever as coisas dentro de uma linha do tempo é uma prática que funciona para alinhar expectativas entre a mente inquieta do fundador da empresa e a rotina burocrática que precisa ser per-

«« «« «« «« «« «« ««

11
TRANSFORMAÇÃO DIGITAL

Desde 1999 faço o varejo da maneira que acredito. Vejo que as pessoas não querem simplesmente conhecer o produto e ir até a loja comprar.

O que sempre acreditei e ainda acredito é que o varejo precisa atender o consumidor onde ele estiver.

Só que lá em 1999, no início da Polishop, tínhamos que começar de uma maneira inovadora e fizemos isso com a televisão. Já nascemos com e-commerce numa época em que poucas lojas tinham site estruturado.

O que muitos hoje chamam de disruptivo era simplesmente a maneira que víamos que atenderia o consumidor. Na sequência veio o catálogo em revista e em 2003 abrimos as primeiras lojas físicas. Como você pode ver, foi tudo ao contrário e totalmente diferente do modelo convencional.

Como eu já expliquei aqui, optamos pelo modelo omni-channel, que é um modelo que traz uma estratégia onde os canais cooperam entre si para melhorar a experiência do usuário. Em vez de trabalharem em paralelo, todos os canais de comunicação e os recursos de suporte são projetados e orquestrados para cooperar. A empresa que não enxergar isso está fadada a acabar.

Como eu vi isso no início da empresa? Porque, como eu já disse: gosto das coisas simples.

Mas ao longo do tempo a Polishop foi evoluindo com o mundo, que passou por uma grande revolução digital. Foram acontecendo coisas incríveis que mudavam o hábito das pessoas, e sempre precisávamos nos questionar internamente: como encontrar formas diferentes de fazer o que já foi feito? Como inovar o que já existe quando estamos dentro de um cenário como o digital que está em constante mudanças?

Tudo que sabíamos é que no DNA da empresa estava atender o cliente onde ele estivesse e atender trazia um sentido muito amplo. Estar na televisão em 1999 fazia sentido porque era onde as pessoas estavam plugadas. Mas com as mudanças constantes, a forma como as pessoas estavam presentes diante dos meios de comunicação foi mudando.

Na prática ninguém assiste mais à televisão sem estar com uma segunda tela – seja do celular ou computador – ligada. E, por incrível que pareça, a segunda tela no quesito importância passou a ser a TV.

Fazemos um acompanhamento constante com um gráfico, percebendo o crescimento dos smartphones no Brasil. E se a penetração da telefonia móvel com internet começou com sete milhões de equipamentos em 2011, esses números foram crescendo até que cada brasileiro tivesse seu aparelho de celular. Ou seja: todo mundo está conectado e consulta o que quiser na palma da mão.

Para fazer a transformação digital a partir disso o que fizemos foi simplesmente respeitar nosso DNA e estar onde os clientes estivessem. Tínhamos que marcar presença na TV e na internet de forma complementar – para que uma mídia jogasse para a outra.

A força da TV foi incontestável durante muitos anos porque as pessoas tinham a atenção na televisão. Fazia parte da cultura e não havia dispersão. Se já era disruptivo criar uma empresa de trás para frente, onde você tinha um canal de televisão próprio e a televisão era o canal de venda, imagine o que aconteceu quando esse meio começou a disputar atenção com outros dispositivos e outros tipos de mídia. Começaram os novos desafios.

Se em 2019 aproximadamente 50% do investimento em mídia da Polishop já estavam nas mídias sociais, de performance e de busca, é porque o comportamento das pessoas mudou e a jornada do consumidor também.

Há vinte anos, nosso principal desafio era fazer com que o consumidor ligasse na Polishop e passasse o número do cartão de crédito para efetuar uma compra a partir de um desejo criado naquele momento através de um comercial do produto, que destacava os benefícios impensáveis para quem estava atrás da tela.

Hoje, quando a pessoa assiste a algo, o que ela faz antes da decisão de compra? Usa uma ferramenta de busca para pesquisar. Portanto, era natural que precisássemos estar nestas ferramentas através de um processo de construção da relevância.

Só que quem procura uma panela, a menos que seja bem específico na busca e digite "panela da Polishop" vai se deparar com uma série de resultados. O algoritmo vai mostrar um monte de coisas. E eu não controlo seu interesse.

Chamamos isso de *micromomento*.

Neste momento da busca, você vai ver as panelas de outras marcas, pode ser que pesquise pelo preço e se buscar uma "panela que não gruda", terá uma infinidade de preços distintos.

Aí você começa a ver vídeos sobre a panela, descobre se existe outro modelo. Antigamente havia pouca opção e o consumidor simplesmente acreditava no que dizíamos. O digital trouxe uma liberdade do usuário que se chama poder de escolha.

Essa é a grande mudança.

E o nosso desafio passou a ser construir uma cadeia que pudesse mostrar os benefícios dos produtos.

A primeira coisa que percebemos é que não dava pra entrar numa carnificina do varejo que só dá desconto e oferece preço cada vez menor pra atrair o consumidor. Na internet amplificou-se a questão do preço baixo e passaram a existir sites cuja única ferramenta era a comparação de preço.

Quando isso começou a acontecer, em 2013, fizemos um questionamento interno: "Como nos adaptar a este comportamento?".

Nesse período, tínhamos uma agência de mídia convencional que cuidava das mídias de performance e anunciávamos o produto para realizar a venda. Eu era mais um varejista comum para comprar mídia. A agência não criava desejo nem vendia benefício.

Víamos que as agências estavam com mais modelos empacotados e a pergunta que não queria calar era: "Como era a distinção do meu produto exclusivo se onde eu conto a minha história tenho menos audiência? Como garanto que serei Polishop no digital?".

Diante desta pergunta sem resposta ouvíamos a recomendação da agência dizendo que tínhamos que construir a nossa relevância só dentro do YouTube "porque era assim que o varejo fazia".

Eu não conseguia um lugar para contar a história do produto, como fazia somente na TV. E precisávamos descobrir como mostrar o benefício. E a única solução apontada pelas agências era: YouTube.

Mas o YouTube é reativo. Uma plataforma de busca onde você deseja o conteúdo e vai atrás dele. Se você quer vídeos de comida, vai para aquele universo. O máximo que eu consigo fazer é um comercial interruptivo. Mas quem vai buscar proativamente meu conteúdo no YouTube?

Era 2013 e as agências ainda não me traziam uma solução para isso, e foi quando nossa equipe interna detectou que o Facebook, que era a rede daquele momento, tinha uma dinâmica parecida com a da TV. As pessoas estavam interessadas num *feed* e surgia algo dentro daquele contexto. Se aparecessem os produtos ali no *feed*, teríamos a chance de mostrar as inovações dos nossos produtos.

Só que mais uma vez "os especialistas" pregavam que naquela rede o que acontecia era relacionamento. "Facebook é para engajamento", diziam. "Não pode vender ali porque a natureza da rede é de relacionamento." "Vocês vão criar *haters*." "As pessoas querem relacionamento com as marcas e pessoas e não com publicidade."

Precisávamos de um lugar para contar as nossas histórias. E percebíamos que aquilo não era verdade, porque todo mundo precisava resolver alguma questão.

Mas nós sabíamos que levávamos soluções e criávamos objetos de desejo com produtos que as pessoas nem sabiam que queriam.

Qual foi a nossa decisão? Ter o nosso próprio departamento digital. O resultado disso foi que no primeiro ano testamos a teoria do Facebook e acertamos tanto que em cinco anos a mídia digital se tornou a metade do investimento da Polishop, sendo que no início investíamos 90% na TV e 10% no digital.

Falar sobre transformação digital hoje é complexo porque estamos falando de algo que se transforma dia após dia. O algoritmo é complexo, quando estou aprendendo a lidar com ele, a rede muda e dou um passo para trás.

Percebemos que tínhamos que perseguir o comportamento das pessoas e não apenas das redes, e começamos a enumerar *cases* de produtos lançados através das redes sociais.

Usar o Facebook naquela época, quando ninguém usava para essa finalidade, foi uma disrupção em vários termos: era uma mídia improvável, não era aconselhada. Além disso, dinheiro tinha endereço: ou mídia de TV ou mídia de performance, e todas as agências diziam que rede social era para fazer *post*.

Dois anos depois, quem manda é o Instagram nesse jogo, e daqui a pouco outras redes irão entrar. Só que percebemos que não podemos ser reativos com o que a agência nos traz, porque o resultado dos demais varejistas é parecido.

Eles não estão errados e não estamos certos mas conhecemos o nosso modelo de negócio. Então é simples perceber se aquilo vai ter resultado na nossa estratégia.

A coroação de que o nosso trabalho de transição foi bem-feito é esta: usamos os mesmos princípios, mudamos as ferramentas e aprendemos algumas lições nesse caminho. Se a televisão é um meio inerte onde nós colocamos o que queremos e as pessoas que aceitem aquilo, no digital não – elas têm preferências e os autores são autorais.

Um detalhe importante para entender como a Polishop sempre funcionou: nunca dependemos do Ibope para comprar mídia na TV. O nosso ibope era o telefone. Se comprávamos mídia que estava dando zero de audiência, sabíamos se aquela mídia funcionava quando nosso call center recebia uma ligação.

Podia ser um horário ruim, mas se comprávamos e o telefone tocava a mídia era ótima para nós. Era barato e tocava bem. Em contrapartida, comprávamos mídia cara com audiência e não surgia uma ligação com interesse de compra. Passamos a ser agnósticos – dependíamos de resultado

O que determinava então se a mídia era boa ou ruim? O comportamento das pessoas impactadas.

Naquele momento percebemos que as mídias sociais bem usadas faziam o papel que a TV fizera. Foi uma curva de aprendizado para aprender como falar nas diferentes mídias, como falar dos produtos respeitando nossa natureza.

O que não dá para fazer é aceitar uma solução massificada. Inovar o que existe, em todas as áreas, sempre esteve no nosso DNA.

««« O QUE ELE NÃO CONTA ««« «««

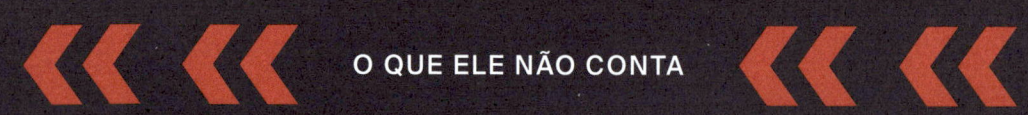

« « « « « « « «

internet, porque é um caçador de tendências e sabe que a Polishop pode ser pioneira em ditar um novo comportamento para o varejo.

    Porque sente que é errando que se aprende, como diziam os mais sábios. Porque se entrega com paixão a tudo que acredita. E se promove uma transformação dentro da própria empresa, é porque não se conforma com algo que esteja parado no tempo. Quer acelerar o tempo, dar um impulso a quem ficou parado, e um empurrãozinho para quem não se mexe. Por isso é provocador.

    Mas sabe que sua maneira de trazer provocações – seja nas reuniões ou nos almoços – criam novas sinapses cerebrais para quem está acostumado a ver a vida sob um único ponto de vista.

    Ele gosta de virar tudo do avesso, de ponta-cabeça. Ver todos os lados e ângulos – até decidir por qual deles vai enxergar.

    E isso tem funcionado melhor do que se imagina.

»

Por ter os pés fincados no futuro, João Appolinário sabe que, apesar da tecnologia, os seres humanos são seres sociais e sempre foram.

Ele enxerga que no momento atual do mundo, apesar de estarmos completamente conectados, ainda não nos adaptamos ao convívio com quem pensa diferente. E disso ele entende, porque apesar de viver a transformação digital, ele entende que essa transformação só é possível quando se agrupam pessoas que debatem ideias distintas entre si.

É desta forma que ele promove discussões sadias na empresa: entendendo pontos de vista, observando comportamentos e apontando tendências.

Ele sabe que o mundo globalizado é capaz de criar novas atmosferas de trabalho, de criar novas conexões e que seu consumidor pode sempre se beneficiar disso.

Com seu próprio smartphone ele não fica dentro da própria bolha – faz questão de explorar tudo o que vê de novo na

«« «« «« «« «« «« «« ««

12

"UM DIA VOCÊ É JOVEM, E NO OUTRO QUER A PANELA DA POLISHOP"

Desde que a internet começou a produzir os famosos memes, a Polishop já estava inserida no mundo digital e percebeu que poderia criar uma nova onda de inovação.

Se a nossa lição de casa era fazer com que os produtos virassem produtos de desejo porque eles realmente entregam um benefício diferente, posso dizer que depois da era digital, essa lição de casa foi bem-feita.

Se na internet a expressão "meme" é usada para se referir a qualquer informação que poderia viralizar e ser copiada ou imitada, sabíamos que de criar tendências nós entendíamos. Logo, entrar na onda dos memes era um segundo passo quase natural para nossa performance digital.

Talvez você já tenha se deparado com um meme produzido espontaneamente nas redes sociais, que viralizou rapidamente, em que as nossas panelas antiaderentes se tornaram objeto de desejo de muita gente.

Posso dizer que o *case* começou quando as pessoas perceberam que ter uma panela onde a comida não gruda é mais do que uma simples aquisição: é a prova de que você cresceu e mudou seus valores. É a prova de que chegou finalmente à idade adulta – e com ela, a independência.

Foi entendendo essa lógica que embarcamos naquilo que as redes sociais fazem de melhor: criar tendências. E, nessa esfera, a panela da Polishop virou a estrela principal.

Tudo começou em 2015, quando ainda estávamos aprendendo a lidar com os influenciadores digitais. Eram jovens que tinham o poder de disseminar informações no ambiente digital e produziam muito conteúdo em seus canais de vídeo.

Sabíamos que o jovem com mais de vinte e cinco anos estava começando a morar sozinho, crescendo mais devagar, morando com os pais durante mais tempo e que, embora o comportamento de quem comprava na Polishop era de pessoas retardatárias no digital, falar com o jovem que estava pensando em casar ou morar sozinho era *startar* uma comunicação com um novo ciclo de pessoas.

Começamos a testar algumas ações e a ação em torno da panela era uma delas. Tínhamos o filme convencional e falávamos da panela para dar alma para o produto. Fazíamos algo sensorial, que tinha sucesso, compartilhamento, burburinho, mas sentíamos que era necessário dar um passo adiante.

Percebíamos que a dinâmica das mídias digitais era viva, e o que isso queria dizer? Que se as pessoas veem, compartilham e dão like, a ferramenta entende que aquilo é um conteúdo relevante para a rede e distribui de forma mais orgânica.

Criar algo que pudesse ter esse efeito sempre foi um grande desafio, porque a linha é tênue para conquistar amor ou ódio nas redes. Um passo em falso e tudo podia ir por água abaixo.

Nosso departamento de marketing sabia que precisávamos preservar os valores que queríamos demonstrar com a panela e percebemos uma rede social, o Twitter, que funcionava como ondas, trazendo os Trendig Topics. Se conseguíssemos usar os atributos do produto conforme os temas que estavam em alta, poderíamos conseguir destaque organicamente nas redes.

Da primeira vez que fizemos, as pessoas estavam falando sobre "o que não gruda". Parecia perfeito. Enquanto cada usuário falava sobre o que grudava e não grudava, a Polishop, como empresa, usava os atributos da panela que não gruda.

Não demorou para o assunto das panelas que não grudam entrar nos Trendig Topics, que são os assuntos mais comentados pelo Brasil e pelo mundo, e viralizar sem que investíssemos um real naquela mídia. Entendemos que se as pessoas estavam dispostas a falar de determinados temas, assim que começássemos a falar deles incluindo os benefícios do produto de forma leve, elas compravam o discurso e ainda aplaudiam o posicionamento da Polishop ao embarcar nos memes do dia.

Nessa época, um dos youtubers de sucesso que figurava como influenciador e humorista chamava-se Cocielo. Ele tinha um humor escrachado, irreverente e aproximadamente cinco milhões de inscritos em seu canal. Nossa primeira conversa com ele foi para entender como introduzir um produto da Polishop em seus vídeos de maneira descontraída.

Fizemos uma reunião de *briefing*, só que não sabíamos o que ia sair dali porque o roteiro seria totalmente autoral – ou seja, dissemos os atributos da panela e arriscamos que um jovem humorista criasse um texto com seu humor para falar sobre uma empresa.

Não sabíamos o que ele ia fazer a partir de então, e quando saiu o vídeo, veio a resposta: o Cocielo estava de mudança para uma casa nova e criou uma paródia dentro do contexto da mudança. O vídeo se chamava "Coisas de mãe e Polishop" e lá ele falava como era ruim tudo que ele cozinhava grudar na panela e que tinha tido um déjà-vu de quando era mais novo e via as panelas da Polishop, e, quando assistia, cada produto citado era um orgasmo diferente.

Então ele contava que tinha ido até a loja e que a loja era ainda *pior* que o comercial – que lá eles faziam ele querer tudo. E enquanto ele falava, contando sua experiência em comprar uma panela, passando por uma oferta de uma fritadeira sem óleo que não respinga na roupa, até o ferro que não queima o dedo, que foi demonstrado com uma bexiga de plástico, ele brincava: "Nessa hora você pode nunca ter passado uma roupa na sua vida, mas quer esse ferro".

O resultado é que o vídeo tem mais de sete milhões de visualizações e foi tão espontâneo que nem as pessoas da própria Polishop percebiam que ele tinha sido contratado por nós. Nos corredores, aqueles que tinham filhos adolescentes comentavam: "Vocês deveriam contratar esse menino", e percebemos que aquela estratégia tinha funcionado perfeitamente.

Dali em diante criamos uma relevância sobre o tema, e pais e mães passaram a enxergar o produto sob o ponto de vista dos jovens que viam aquela panela como objeto de desejo para uma vida.

O patamar de busca pelo produto mudou de cena e os memes começaram a pipocar em todos os cantos do país. Era a panela mais desejada do momento e os microinfluenciadores que estavam se inspirando no Cocielo também começaram a reproduzir aqueles memes sobre a panela Polishop.

Nossos departamentos estavam prontos para isso. A agência digital já estava funcionando internamente e isso mantinha a agilidade nas repostagens das celebridades. Fomos dando corda para tudo que era produzido espontaneamente e as celebridades começaram a desejar a panela.

Então aconteceu o inesperado: ela virou a panela das celebridades.

144

Certa tarde, uma apresentadora de TV famosa com mais de dez milhões de seguidores fez uma panqueca e a panqueca grudou na panela toda. Ela admitiu que era um desastre na cozinha e brincou: "Polishop, me salva".

A agilidade das redes ajudou. Em menos de três horas ela já tinha em mãos uma panela na casa dela e em seguida um tutorial onde nossa equipe mostrou como fazer a panqueca nela. O tutorial tinha um passo a passo com os ingredientes e uma brincadeira com o nome dela.

Ela recebeu, repostou o tutorial, fez as panquecas e deu certo.

A brincadeira rendeu uma repercussão gigantesca nas redes sociais e percebemos que isso era respeitar a natureza das mídias e saber como seguir em frente.

Seguimos a natureza daquela conversa para reverter de forma positiva para nós. E isso aumenta a relevância. No final das contas a ideia era ela fazer a panqueca sem queimar.

Temos que operar na base e isso é uma transformação cultural. A nossa agência interna tem a cultura de olhar para isso – a comunicação sempre é em cima do benefício.

Trabalhamos o principal benefício daquele produto para que ele seja o carro-chefe e, com o resultado de todos estes *cases*, fica evidente que tudo aquilo a que precisamos dar um serviço diferenciado, não conseguimos terceirizar.

Seria muito trabalhoso cada vez que fosse fazer um comercial, ter que explicar a forma que a gente pensa para a agência e para os redatores. Não teríamos essa agilidade de resolver as situações com influenciadores grandes com milhões de seguidores via WhatsApp.

Aqui temos uma equipe que já tem a cultura da empresa e o DNA da Polishop.

O que eu quero que você entenda, acima de tudo, é que para fazer as coisas acontecerem você precisa de ousadia. Sem medo de interagir com as novas mídias e respeitar a natureza de cada uma delas.

A Polishop sempre teve essa elasticidade e esta é a lição. Para ousar em cenários digitais, sendo que cada empresa tem uma forma de se comunicar, é preciso se despir de preconceitos e embarcar na rede, entendendo que cada influenciador digital tem uma forma própria de se comunicar, e se a empresa não está aberta para isso, o conteúdo não se dissemina.

Para prosperar, tanto nas redes sociais como na vida, e viralizar sua marca e seu negócio, é primordial que você dê alguns passos que te tirem da zona de conforto, que sejam apostas. O nosso sucesso com memes está muito relacionado a isso: mergulhamos numa ideia sem saber se poderia ser um grande *case* ou um grande tiro no pé. As ousadias que mudam as coisas de um patamar para o outro.

Ouse mais e veja o resultado.

ALGUNS EXEMPLOS DE FRASES QUE VIRALIZARAM NAS REDES SOBRE AS PANELAS DA POLISHOP:

"UM DIA VOCÊ É JOVEM. NO OUTRO, VOCÊ QUER A PANELA DA POLISHOP."

"EU VOU SER UM NOJO QUANDO FOR BEM-SUCEDIDA. SÓ VOU ANDAR DE ROUPA SOCIAL E NA MINHA CASA SÓ VAI TER PANELAS ANTIADERENTES DA POLISHOP!"

"QUEM GOSTA DE AMOR VERDADEIRO É ADOLESCENTE. ADULTO GOSTA MESMO É DE PANELA FLAVORSTONE QUE NÃO GRUDA."

"NÃO ADIANTA OSTENTAR COM FOTO DE BALADA. OSTENTAÇÃO, PARA MIM, SÃO AS PANELAS DA POLISHOP."

« « « « « « « «

13
QUEBRANDO PARADIGMAS DENTRO DA PRÓPRIA CASA

Montar um call center dentro da empresa em uma época onde tudo era terceirizado foi uma experiência que nos fez entender que manter as coisas por perto e dentro de casa seria um diferencial.

Logo no começo das nossas operações, a logística também era terceirizada, assim como o call center, a contabilidade, o departamento fiscal e a folha de pagamento.

Éramos meia dúzia de pessoas e terceirizávamos o resto das coisas. Só que essa operação precisava ser verticalizada e se essa é uma das características da Polishop hoje, sendo um dos nossos diferenciais competitivos, é porque ao nos transformar, conseguimos ser rápidos na tomada de decisão dentro de todas as áreas.

No dia em que percebemos isso ainda fazíamos merchandising no programa da Hebe Camargo e o telefone tocava numa central de atendimento lá no ABC paulista. Terceirizar aquela operação de call center parecia ser mais barato, mas saía caro demais porque o atendente não tinha incorporado o DNA da empresa, mesmo que houvesse treinamentos de conteúdo para que ele soubesse levar as respostas.

Íamos lá na empresa de call center acompanhar o resultado do merchandising e acompanhar as ligações e percebíamos que o treinamento era precário. O vendedor não sabia vender o produto. A empresa tinha quinze clientes e éramos apenas mais um deles.

151

Por essas e outras não conseguíamos a performance que desejávamos.

Só que a empresa tinha sido idealizada para terceirizarmos tudo. Tivemos que tomar uma decisão e tudo parecia fazer sentido. No final, resumidamente, isso virou um diferencial competitivo. Conseguíamos desenvolver um produto melhor, fazer uma negociação melhor de mídia e um pós-venda, e isso fez com que qualquer concorrente da época ficasse para trás e sumisse completamente.

Os primeiros anos, de grande aprendizado, foram decisivos. Começamos uma logística própria, compramos uma central de atendimento, contratamos operadores de telemarketing e a produção de filmes que era terceirizada foi internalizada.

Se trazer o call center para dentro da empresa foi um contrassenso, quando optamos por trazer a agência também foi uma antítese. Enquanto todo mundo colocava a operação pra fora, a gente resolveu botar pra dentro para ser diferente.

Fazíamos isso porque prezávamos por um olhar diferente e sabíamos que as agências empacotavam algo para todo mundo.

Topamos alguns desafios e decidimos experimentar. Quando decidíamos questionar o que já existia, acertávamos.

E qual a dinâmica hoje? Se eu faço um comercial de um produto que não teve boa repercussão ou performance, eu não só posso tirar do ar como posso refazer por inteiro.

Qual a diferença se eu fizesse numa agência? Além de precisar cada vez explicar o bê-a-bá para o roteirista, a equipe e todo o pessoal envolvido na produção, eu teria mais gastos para refazer o que não tivesse funcionado.

O formato de ter dentro de casa a nossa agência, nossa produtora e nossa própria emissora de TV é que em vez de

152

fazer um comercial, eu faço dez. E certamente quando faço dez apostas, duas podem dar certo.

Se eu invisto 1 milhão para produzir um comercial tenho que rezar para aquilo funcionar. Tendo tudo aqui dentro eu sei que vou ter qualidade, velocidade e custo baixo.

Simples assim.

Testando mais, eu consigo encontrar mais rápido algo que traz resultado. Isso vale para tudo.

Eu sempre digo que o melhor prejuízo é sempre o primeiro. E falo isso porque sempre fui um cara de errar rápido porque quem insiste numa ideia que não dá certo insiste com o erro.

Se você está tendo prejuízo, pare agora. Porque se você continuar tendo prejuízo, ele só vai aumentar de tamanho. Se o seu prejuízo é de 1 milhão, em dois anos ele vai ser dois.

Vejo empreendedor focado em loja que não está dando resultado, achando que uma hora ela vai virar. O meu conselho é: esquece! Foca na melhor loja, foca no que é bom e traz resultado. Melhora o que já é bom e esquece o que não tem jeito.

Tem cara que tem dez lojas e quer deixar a loja ruim boa. Só que o quão boa ela pode ficar? É melhor ter cinco que estão realmente boas do que dez mais ou menos.

Cuide das suas melhores.

Eu aplico a simplicidade com que vejo as coisas em tudo. Por que vou gastar tempo com uma coisa que não vai dar certo? Porque precisamos entender que o nosso tempo é precioso e é com ele que precisamos estar focados nas nossas coisas.

Quando a operação funciona bem e está dentro de casa, podemos até mesmo mudar tudo em momentos que teoricamente seriam inoportunos.

Já tivemos projetos que estavam prontos para rodar, mas que víamos que tinha algo que precisava ser feito e era um momento inoportuno. Quando isso acontece, paramos tudo pra fazer o que precisa ser feito e entendemos que mesmo que for um momento ruim pra fazer ajustes, se vai ser melhor para a empresa, não importa o trabalho que vai dar.

É o caso de uma linha de cosméticos que estava desenvolvida e pronta para entrar em cena. Só que concluímos no final das contas que para o futuro seria melhor se fizéssemos alguns ajustes naquele momento. Não era melhor para os departamentos internos naquele momento, mas era um sacrifício que lá na frente traria bons resultados.

Longevidade é a palavra. E isso tem muito a ver com errar rápido. Se percebo que o mal é menor agora do que lá na frente, entendemos que precisamos fazer os ajustes que são necessários, quando é necessário.

O nome do game é teste.

Você tem que testar. Se não der certo você tem que aprender a conviver com suas derrotas. Não pode fazer com que sua derrota comprometa sua saúde financeira e seu negócio.

E às vezes o negócio encontra caminhos que não esperamos. Foi assim que além de ter todos os departamentos dentro de casa, adquirimos uma fábrica para produzir todos os nossos produtos de ginástica.

Tudo aconteceu quando estávamos nos desenvolvendo bem em fitness. Sabíamos que era um segmento que precisávamos abraçar mais e evoluir. E em determinado momento o Leo Braga, nosso superintendente, foi visitar a fábrica que fornecia para nós em Manaus.

Chegando lá, ele detectou que ela operava de uma forma precária em nível de automação industrial. Ainda me lembro das palavras dele:

– João, temos um problema.

Eu queria saber logo que tipo de problema era e ele foi incisivo.

– O problema é que essa empresa tem que ser da Polishop. Temos que comprar a empresa e não sermos clientes dela.

A decisão foi imediata. Compramos a fábrica e hoje 100% dos produtos de ginástica são fabricados na nossa fábrica própria.

Temos um escritório de design e desenvolvimento de produto na China, que é um departamento nosso que faz uma prospecção para podermos buscar potenciais fornecedores locais na China para todos os aparelhos de fitness. Desde a prancha até a esteira, criamos o produto lá fora, desenvolvemos com as melhores práticas e as peças são enviadas para serem produzidas na Zona Franca de Manaus.

Para montar os produtos em Manaus precisamos estar atentos a uma regra de mercado que determina quantos itens de cada um deles precisam ser importados e quantos precisam ser nacionais. Por isso, é um produto que vem em partes da China e juntamos com partes do Brasil. E assim, todo produto de ginástica nasce na China, é fabricado na Genis, em Manaus, e chega no nosso ponto de venda.

Nossa empresa atingiu um grau de automação fantástico com essa aquisição. Hoje temos ISO 9000 e um processo produtivo com gráficos, curvas e sabemos como é a produtividade diariamente.

A melhor parte de adquirir uma fábrica é que podemos criar novos produtos e futuramente vendermos para outras empresas.

Dos erros e acertos que cometemos, a matemática para saber se deu certo é simples: tempo é dinheiro. Se trouxe mais agilidade no processo, a eficiência está garantida.

Além disso, à medida que crescemos como empresa, fomos enxugando a diretoria. Foi uma grande mudança de paradigma porque trouxe mais comunicação e alinhamento entre as frentes.

A pergunta que sempre faço para meus colaboradores é: o que você está fazendo ou deixando de fazer para ganhar mais eficiência? Se o DNA da Polishop é conexão, usamos mão de obra interna, fazemos diferente aqui dentro e a percepção do consumidor é que tudo que sai da Polishop tem a nossa cara, porque não é feito a cada dez meses por uma agência diferente, não mudamos o local onde atende o call center, e desta maneira conseguimos inovar uma grande empresa, que se destaca cada vez mais no mercado.

Se hoje atendemos WhatsApp dentro do call center e temos um *hub* de dados que serve para todas as pontas de contato e me diz se o consumidor que ligou no telemarketing já está recebendo um e-mail marketing ou navegando pelas redes sociais, é porque desenvolvemos um sistema que nos diz tudo que acontece dentro e fora daqui.

E para esse tipo de inovação nascer aqui dentro eu preciso de um time alinhado, e áreas de TI, vendas e marketing alinhados. Equipes que enxergam a experiência do usuário de maneira complementar.

A transformação digital da qual já falamos suscitou uma convergência entre as áreas que é sadia, o que é legal dentro da Polishop. Se você tem um organograma simplificado, uma conversa entre três pessoas desenrola uma coisa que resolve uma cadeia toda. Essa é uma vantagem.

Temos um organograma integrado e uma gestão simplificada. Poucos diretores, com decisões estratégicas. E isso faz com que consigamos ter fôlego pra fazer tudo que fazemos.

156

O jogo bem combinado nas suas estruturas que sabe tomar decisões enquanto vejo o macrogerenciamento de tudo.

Por isso é importante quando estou assistindo a um *pitch* no *Shark Tank Brasil*, por exemplo, que exista um olhar que tenha sinergia com aquilo que faço. Algumas empresas, à primeira vista, não têm, mas quando falamos de varejo, ao investir em uma indústria eu levo o sentimento e o ar do varejo e isso muda tudo.

A ideia é dar mentoria para as pessoas que estão começando a empreender. É difícil empreender no Brasil com todas as dificuldades fiscais, legais, contábeis. Tudo parece muito difícil para você empreender. Mas quando observo uma empresa, já conecto com aquilo que pode funcionar em paralelo com o universo da Polishop.

Para quebrar paradigmas dentro da própria casa é preciso colocar as ideias em ação. Testar muito. Não tem que ter medo de errar nem de agir, porque só o erro leva ao aprendizado

157

«« «« O QUE ELE NÃO CONTA «« ««

«« «« «« «« «« «« ««

Até quando aceitou trazer diferentes visões sobre si mesmo, com pontos de vista daquilo que ele não fala sobre si, ele criou um novo modelo. Porque existem diferentes pontos de vista e ele sabe disso, e sabe que para se compor algo novo é preciso fazer de um jeito que ninguém fez.

Conviver com tanta inovação faz com que quem está perto dele entenda que não existe zona de conforto para o João Appolinário. Porque é fora dela que ele encontra o futuro, que é feito daquilo que não foi feito no passado, nem está sendo executado no presente. É feito daquilo que ele faz de melhor, todos os dias: gerar novas ideias e investir na execução para que, mesmo que não tragam os resultados que ele esperava, possam apontar novos caminhos, diferentes dos que já foram percorridos.

« Quebrar paradigmas numa época em que todo mundo diz que faz inovação, mas que age exatamente da mesma forma, copiando modelos, é quase uma magia. E é dessa magia que João entende.

Quando parte para a ação, invertendo completamente a lógica das coisas, ele muitas vezes choca quem está habituado demais com um sistema. E mesmo que precise enquadrar certas coisas dentro de um sistema linear e concreto, faz o impossível para mudar o próprio sistema e conviver com o mundo real. Porque ao fazer tantas mudanças e subverter a ordem das coisas, ele sabe que está dando as cartas do jogo. E quando o mercado parece se acostumar com aquele jogo, ele embaralha todas novamente e dá novas cartas.

«   «   «   «   «   «   «

14
SEM GAVETAS

Para que servem as gavetas?

Para guardar coisas. E quando guardamos algo dentro de uma gaveta no escritório, dificilmente tiramos.

Minha mesa na Polishop não tem gavetas. A lógica é deixar tudo espalhado sobre a mesa para que eu possa ter contato visual com as coisas que precisam ser resolvidas. Só assim eu consigo lembrar do que preciso despachar, resolver, olhar.

Na vida, as gavetas foram feitas para acumular coisas. E dentro da Polishop, eu nunca suportei gavetas ou armários.

Eu tinha dito isso desde o começo da empresa. Gavetas eram nocivas para a produtividade, agilidade e não tinham utilidade a não ser guardar coisas que ficariam ali esquecidas. Por isso desde a fundação da Polishop, mesas não tinham gavetas.

Ao longo do tempo começaram a surgir armários, o que foi muito pior. E em determinado momento, a empresa estava lotada de armários com coisas que ninguém mais sabia que existiam. Até o dia de eu perceber estes armários espalhados por toda a empresa e novamente tive que pedir para todos esvaziarem seus armários, porque eles seriam retirados da empresa. O resultado disso foi que encontramos uma montanha de lixo e dezenas de armários vazios.

Mas existia um motivo para que aquela decisão fosse tomada e eu vou explicar como tudo isso aconteceu.

A maioria das empresas tem departamentos de desenvolvimento de produto, faz pesquisa de mercado e leva um tempo para colocar algo em prática. Aqui o conceito é errar rápido. Colocamos toda a energia da empresa na oportunidade de testar em campo, como se aquele pudesse ser o grande vencedor do dia e, se der errado, dê errado rápido e trocamos de caminho depressa.

E em vez de levar meses num desenvolvimento de projeto, testamos dez projetos em paralelo nesse tempo porque temos um método ágil, transparente que promove que tudo fique visível para todos.

Qual era o meu sentimento no crescimento da empresa?

As pessoas começam a criar processos e passam a ter contato com o produto pela planilha. Passam a ter contato com as diversas possibilidades que a Polishop tem de desenvolver produtos, pela planilha.

E aquilo vai se estruturando de uma determinada maneira: pensa nisso como uma gaveta.

Você recebe uma coisa nova, vê naquele primeiro dia e coloca na gaveta. Chega uma hora que não lembra mais do comitê do produto nem do produto visualmente e não está fazendo a conexão de oportunidades de negócio ou produtos similares porque não está prestando atenção naquilo. Aquilo saiu totalmente do seu radar.

Com esse desenho – de extinguir as gavetas e armários – resolvemos um problema causado pela burocracia.

Literalmente muitos armários sobraram e não tinha nada útil ali dentro.

Só que coisas engavetadas não fariam sentido jamais, porque não conseguimos fazer conexões e sinapses sem lembrar do que está guardado. E se não existia gavetas, porque era algo que eu sabia que não era saudável para a empresa, os armários passaram a ter a função de guardar e esconder num buraco negro, coisas que, quando expostas, podiam ter a sua função.

Logo que conversamos sobre isso, reforçamos a ideia, que era deixar tudo à mostra: porque quando estamos ali vendo o produto – tanto o que está em linha quanto o novo, ou a amostra, podemos fazer algo. É como se democratizássemos a visualização e todo mundo pudesse ver o que está ali, exposto.

Aqui abro um parêntese – não tem coisa pior numa empresa que as pessoas saírem de uma reunião e enviarem e-mails para quem acabaram de encontrar pessoalmente ou que está na mesa ao lado, continuando assuntos que poderiam ter sido resolvidos cara a cara.

Nas empresas as pessoas tendem a virar burocratas. As pessoas a dez metros de distância trocam um e-mail.

Pra viver o dia a dia tem que ter ação.

Não adianta mais um e-mail despachado na caixa para jogar a bola pra frente. É preciso simplificar as coisas em vez de complicar. E tanto enviar um e-mail que fica ali parado na caixa de entrada esperando a solução do outro, quanto guardar algo na gaveta ou no armário, pra "tirar de cima" e não decidir o que fazer naquele momento, são práticas que não colaboram com a agilidade dos processos numa empresa. Sem armários, ou gavetas, precisamos lidar com o que está ali diante de nós. Quando conversamos sobre o que precisa ser resolvido ou decidido, resolvemos o que precisa ser resolvido, em vez de esperar que o tempo resolva ou que alguém resolva para nós.

Um caso concreto que me mostrou a importância de deixar tudo à vista, logo que extinguimos definitivamente os armários, foi quando cheguei num determinado departamento às sete da noite e vi um produto que me chamou a atenção e estava esperando uma reunião de comitê para ser apresentado.

Tinha uma amostra que estava ali parada há três meses para que fosse tomada uma decisão.

Nessa dinâmica, o colaborador que estava trabalhando ao lado do produto pôde defendê-lo e inclusive debater resoluções sobre os próximos passos. E era algo incrível que se não estivesse ali exposto, ficaria mais um mês dentro do armário.

O que eu quero dizer é que uma decisão pode ser tomada a qualquer momento, e quando atrasamos os processos, sendo guardando as coisas que estão ali, esperando uma decisão de um dia qualquer, estamos perdendo vendas, estamos perdendo oportunidade de negócio, estamos dificultando a comunicação e impedindo que as coisas caminhem com agilidade.

Mesmo que seja para não aprovar determinado projeto, produto ou o que seja, é melhor ouvir um não do que arquivar aquilo esperando o momento certo.

Minha mãe sempre disse para mim que era melhor um minuto no vermelho do que uma vida inteira no amarelo. E esta é uma grande verdade que levo comigo todos os dias. Quando falo que ninguém tem surpresas comigo, é isso que quero dizer. Prefiro ser franco na tomada de decisão e na comunicação, do que ficar "dourando a pílula". Precisamos ser transparentes, abertos, decidir o que precisa ser feito em vez de empurrar com a barriga ou postergar as coisas. Precisamos escancarar o que temos para resolver em vez de esconder tudo dentro do armário ou da gaveta. É desta forma que conseguimos caminhar sempre em frente e não estacionar na vida e nos negócios.

Até para dizer "não" a decisão precisa ser tomada.

Quando você olha para esse assunto da gaveta parece ser apenas algo estranho, mas tem um sentido maior – o de editar o que pode estar no seu campo de visão e escancarar o que precisa ser visto e resolvido em vez de esconder, guardar e fingir que está tudo sob controle.

Fazer mais rápido é algo que todo mundo precisa aprender. E pra fazer mais rápido é preciso contar com a equipe sem aglutinar processos na gaveta.

Entenda que vai ficar para nunca se você guarda.

"Desengavetar" é um lema da empresa.

Quando tínhamos categorias separadas com áreas separadas não tínhamos os insights que temos hoje.

Vendemos muito bem uma prancha que tem abacate e macadâmia, por exemplo. Todos os meses são vendidas mais de dez mil pranchas impregnadas com os óleos essenciais que dão um efeito de progressiva.

Assim que colocamos todos os produtos de beleza juntos veio o insight imediato: por que não fazíamos um xampu e um condicionador com as propriedades que tinham na chapinha? Imediatamente falamos com a desenvolvedora de produtos e o marketing desenvolveu isso como um objeto de desejo. Por que não lançar um produto que já era eficiente?

Acoplar ofertas em produtos que já vendemos funcionou e quando começamos a colocar tudo ali, junto, demos outro passo, porque era visível a sinergia entre alguns assuntos que até então estavam só na cabeça dos seus gestores, mas estavam orbitando no mesmo universo. Dentro do tema, que era beleza.

E ficou óbvio para quem está envolvido com o negócio – se eu preciso da oferta de um produto que esteja ligado a algo que tenha muito sucesso.

No caso do xampu e condicionador, aquilo se tornou um sucesso e vende muito. E isso começou um dia às sete da noite, porque pela primeira vez vimos os produtos fisicamente juntos, desengavetados, para orbitar na nossa mente.

167

Isso gerou o desenvolvimento de um produto que rapidamente foi colocado na operação e virou faturamento. E pra gente aquilo virou modelo.

Tudo isso aconteceu porque criamos um modelo e isso virou dinheiro. Pelo fato de desengavetar. Isso tem um sentido importante na velocidade das coisas.

As ideias estão ali. Elas podem estar dentro de casa e você está buscando fora.

«« ««« O QUE ELE NÃO CONTA ««« «««

Quem o observa de perto sabe que uma de suas maiores qualidades é inovar o que já existe. E dentro da inovação cabe tudo: tudo aquilo que não foi testado ou tentado.

Uma empresa com uma produtora Pollywoodiana, fábrica própria, agência dentro de casa, e-commerce desde o nascimento não pode ser tida como igual às outras. E quando percebe isso, vê que até nas pequenas coisas é preciso ir além. É preciso pensar fora da caixa.

Ou fora das gavetas.

« À primeira vista, tirar as gavetas de todos os colaboradores pode parecer uma atitude excêntrica, mas quando observamos a maneira como João Appolinário pensa e age todos os dias, conseguimos entender por que ele vai tão longe.

Se o chão está firme, ele dá um jeito de fazê-lo tremer. Sabe que as mudanças só acontecem com movimento e que elas impulsionam a empresa e os profissionais para frente, como se ganhassem um impulso para irem mais longe.

«««««««

15
CRIANDO NOVAS CATEGORIAS

Depois de todo o aprendizado durante anos de Polishop, percebemos que fazer produtos desconhecidos se tornarem conhecidos era definitivamente um ponto forte da companhia. Traduzindo para a linguagem empresarial, a Polishop agia como um acelerador da curva de adoção de inovações.

Se você observar, vai perceber que este é um dos maiores desafios das empresas. A pergunta chave é: "Como colocar o produto e disseminar uma nova forma de fazer uma coisa?".

Existe uma regra que é o primeiro grupo de pessoas que vai querer comprar de você. São pessoas abertas ao novo, que costumam se engajar com a marca e geralmente os primeiros no estágio da Curva de Adoção logo após os inovadores.

Logo depois deles, a maioria vai embarcando na novidade até que chega em um ponto que é onde aquela inovação ganha tração para se autodisseminar. É quando cai na cultura popular e ganha uma tração que você não é mais capaz de segurar.

O varejo sempre teve muita dificuldade em vender coisas inovadoras que acabam tendo preço mais alto. Por que é preciso contar a história do produto e quem vai contar essa história? Se o fabricante, que é quem faz a campanha do produto, não contar essa história, o produto chega no ponto de venda e o que o varejista tem condição de fazer?

Só que a Polishop sempre criou desejo pela categoria, percepção de valor de que aquele produto realmente pode fazer algo por você.

173

Se o primeiro produto que fizemos isso foi o Seven Day Diet, quando criamos uma demanda por produtos de dieta, naquela época ainda não era claro perceber que esta seria nossa habilidade.

E no dia que as escovas rotativas surgiram numa reunião de comitê onde eram apresentados produtos, foi unânime perceber que aquela era uma solução que rompia com o que era um secador convencional. Era uma solução que deixaria o que tinha existido antes, em desuso.

A escova que seria objeto de desejo das mulheres a partir de então era genial: trazia um benefício incontestável de tempo, porque com uma mão uma mulher poderia fazer algo que precisaria de duas para fazer, e ainda perderia tempo secando o cabelo.

A escova, além de secar, já alisava. Esse tipo de produto caiu como uma luva na reunião e entendemos que era algo com o nosso DNA. Estava totalmente ligada às principais premissas da Polishop: tempo, beleza e saúde.

Em pouco tempo, as escovas rotativas viraram uma sensação. Não existia esse produto. É uma escova que é escova e secador giratório ao mesmo tempo. Tudo que se teria dificuldade, se resolve na hora.

Mais uma vez: é um problema do qual você não reclamava, porque existia escova e secador.

O produto ganhou status aqui dentro, vendeu milhares de unidades por mês porque a mensagem era muito clara daquilo que ele resolvia e o resultado era comprovável na hora a olhos vistos. Foi desta forma que a escova rotativa virou objeto de desejo. E em três meses o produto decolou.

Quando lançamos algo que as pessoas passam a adotar como hábito de vida, temos uma recorrência maior do que em outros produtos. A escova era um produto de desejo que resolvia um problema que não se sabia que existia. E saber que estávamos resolvendo um problema e gerando valor para a vida da pessoa, que economiza tempo e ainda cuida da beleza, é de grande valia para nós.

O que eu quero que você perceba é que se estiver falando de algo inédito, que resolve um problema inédito e é só baseado no mercado que existe, escapamos da questão do preço.

Aqui na Polishop o produto chega com um preço de custo e precisa ser capaz de ser vendido com um multiplicador padrão. No entanto, muitas vezes para ajustarmos o preço do produto precisamos entender qual o valor dele, para poder diferenciá-lo dos demais.

Assim aconteceu com o juicer. O consumidor chegava no supermercado e via aquele produto ao lado de outras centrífugas comuns e comprava o mais barato, porque não era capaz de discernir o benefício que ele trazia.

O caso do juicer por si só é interessante porque também subverteu a ordem das coisas: ele estava encalhado no mercado e só tivemos a chance de entrar nele porque não vendia nada e se tornou um problema no ponto de venda. Foi nesse período que o fabricante topou vender para nós.

Sabíamos que iríamos gerar um encantamento em torno desse produto e posicionamos ele de outra forma. O que acontecia é que o produto estava sendo comparado a uma centrífuga comum e não tinha a comunicação correta para ser compreendido como uma inovação E não simplesmente mais uma centrífuga.

Por que, qual era a ideia do público em relação à centrífuga, da maneira como ela existia até então?

175

Ela não tinha utilidade e ainda trazia muito trabalho para ter que cortar tudo antes de colocar ali dentro. Baseados nessa objeção, entendemos que não era uma centrífuga. Era um juicer. Porque queríamos criar uma referência.

A segunda coisa que detectamos foi: muita gente não queria uma centrífuga porque suja, dá trabalho para fazer o suco e era mais fácil e prático comprar suco de caixinha.

Essa reflexão foi feita internamente pela nossa equipe e entendemos que precisávamos reposicionar o nosso juicer no mercado. Como? Criando uma comunicação inteligente: mais suco, mais rápido e com a fruta inteira.

Era a mensagem que levava a antítese do que se espera de uma centrífuga. E, de quebra, vendíamos saúde para toda a família. O suco poderia ser feito com a fruta toda e ainda dava para usar as fibras restantes para fazer um bolo. Foi assim que a partir daí também agregamos ao produto um livro com receitas nutritivas elaborado por uma nutricionista.

Era um papo de saúde e facilidade que parecia mágico.

Eu não vendia uma centrífuga. Eu resolveria um problema.

Vendemos tudo instantaneamente. Percebemos que o mercado entendeu do que estávamos falando e começou a fazer a mesma coisa.

Aqui dentro sabemos muito bem quando devemos despender energia para determinado produto.

O que acontece geralmente? Somos disparadores de novidades. E quando o varejo começa a copiar e surfar na nossa onda, baixando o preço, precisamos buscar outra novidade.

Além de criar desejo no consumidor por algo que ele nem sabia que existia, também criamos sintonia entre produtos, criando novas marcas e categorias que depois se sobressaem no mercado.

Um bom exemplo disso é a escova que falei há pouco. Assim que ela se tornou objeto de desejo, começamos a incorporar na venda, outros produtos relacionados ao cuidado com a beleza. Só que fazíamos isso com produtos de terceiros e entendemos que se tínhamos essa força para construir personalidade de produtos e categorias novas de produtos, eles poderiam ser usados para construir marcas próprias.

Aqui na Polishop os produtos passam a ter essa alma, e a personalidade fica impressa no produto.

Com o fenômeno de vendas das escovas rotativas, entendemos que podíamos criar uma marca própria de produtos para cabelo. E desta necessidade nasceu a Be Emotion, porque estávamos conscientes de que tornávamos um produto desconhecido, famoso. Então poderíamos usar esta força para criar a nossa própria marca de beleza.

Nesse ponto do livro você já deve ter percebido que temos nossos ícones. A panela, por exemplo, da qual exaustivamente falamos, tem uma grande força por ser quem ela é.

E foi assim que com o nascimento da Be Emotion, fomos criando mais produtos, a marca foi ganhando tração e força e a linha cresceu absurdamente, dando notoriedade para a marca. Agora temos uma linha profissional, aliada aos salões Mega Studio Be Emotion e essa história ganha uma nova dimensão.

O interessante é que todo esse caminho da marca foi pensado dentro da Polishop como uma incubadora, mas em vez de pensar no produto em si, incubamos uma marca.

Pelas mesmas razões de criar marcas próprias, criamos a marca Genis. Compramos uma indústria para fabricar equipamentos de fitness e montamos um centro de design e desenvolvimento de produtos na China.

Ambas são marcas que amanhã podem se tornar empresas independentes.

Qual é o grande benefício disso? Toda expertise que estamos usando para criar marcas e empresas.

A Polishop não é só uma varejista. Ela também é uma desenvolvedora de categorias, marcas e produtos.

Não acharam uma caixinha para definir a Polishop.

O nosso negócio é baseado na inovação e na busca de soluções que tragam ganho de tempo, beleza e saúde. Ninguém quer comprar uma centrífuga. As pessoas querem comprar uma solução para ter um suco natural fácil e rápido de fazer.

Hoje 95% do que está exposto só existe aqui na Polishop. Em vez de lotarmos as nossas lojas de produtos das categorias mais vendidas, buscamos criar novas categorias de consumo.

Foi essa a estratégia que nos fez investir em marcas próprias: a Be Emotion, para produtos de beleza, a Genis, de equipamentos para ginásticas, e a Viva Smart Nutrition, de produtos para facilitar o preparo de alimentos.

A marca Viva é encarada como muito aderente ao perfil inovador da Polishop e com capacidade para alçar voo próprio. É ali que desenvolvemos energéticos com cafeína microencapsulada, por meio de uso da nanotecnologia e em sabores pouco convencionais, como o de cajá, pitaia ou frutas vermelhas.

Se você olhar, isso corrobora com o que é nosso DNA. Produtos inovadores.

Eu era curador de produtos e agora emprego esse poder de criar desejo para as nossas marcas. E é assim que estamos fundando três companhias com potencial e fases distintas. Todas com intenso potencial para serem empresas grandes.

Cada uma num segmento. Be Emotion em beleza, como um todo; Viva, como smart nutrition como um todo; e Genis, trazendo os produtos da linha fitness.

Sempre fomos precursores.

E o grande valor disso é que estas companhias têm o DNA Polishop em seu nascimento e elas coexistem como Polishop e começam a gerar negócios inovadores.

A gente acaba mixando esses mundos e isso dá um samba novo para estas coisas que não estamos acostumados a ver juntos. Tudo pode dar errado porque negócio é negócio: a gente nunca entra com sentimento de risco em relação a alguma coisa. Mas com sensação de continuidade.

Essa alma que fica, de cada produto que lançamos, é quase como um filho que vai ao mundo. Tem nosso DNA, mas pode voar sozinho. E é para isso que eles existem.

O QUE ELE NÃO CONTA

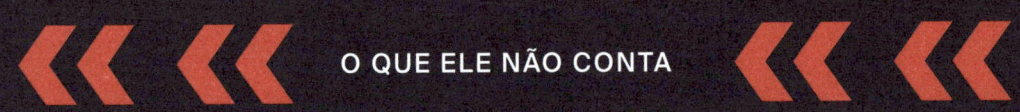

« « « « « « « «

Talvez ao longo do tempo tenha entendido que certos sonhos estão à frente do tempo e só podem ser viabilizados em outra época, talvez num futuro próximo. Talvez queira viabilizar todos numa só vida.

João é a figura firme que tem energia para inspirar, conduzir, liderar e interpretar nas entrelinhas a todos que se empenham para estar ao seu redor, colaborando para que as coisas aconteçam da melhor maneira possível.

Um homem cheio de energia, mas ao mesmo tempo, com um coração cheio de bondade que vem da fé, que aprendeu a assimilar quando ainda era criança, e acreditava que os seres humanos eram todos iguais. Quando ainda acreditava em todos os seres humanos e não tinha tido experiências ruins percebendo o lado sombrio deles.

Mas apesar de tudo, não se deixou contaminar. Continua vivendo sua verdade, sua história, dentro de sua fé – porque, no fundo, sabe que tudo que construiu daria uma alegria imensa ao seu pai, o maior mentor que teve em sua vida.

» Apesar de tantas conquistas, vitórias e feitos, o homem por trás da Polishop, que levanta todos os dias para fazer acontecer uma empresa com milhares de colaboradores, sempre colocou a empresa em primeiro lugar. Antes de si mesmo.

Não é raro perceber que ele coloca os interesses da Polishop como fundamentais, fala dela como se falasse de uma entidade com vida própria. E sabe que seu maior poder ali dentro é o de questionar o que já existe.

Ele questiona o que já existe de todas as maneiras, e por isso surgiu a ideia de inovação dentro da empresa. Porque ela reflete o comportamento de seu criador. Como um maestro, ele orquestra a realidade e tenta dissipar quem alarma sobre as possibilidades que podem não dar certo.

Embora não seja um otimista desavisado dos perigos, ele consegue avaliar todos os panoramas antes de dizer: "Vamos em frente". E, quando aposta, não aposta para perder.

«« «« «« «« «« «« «« ««

16
CHOQUE DE REALIDADE

Embora o propósito deste livro seja falar de inovação, como cheguei até aqui, como a Polishop saiu do papel e se tornou realidade, e tentar imputar na cabeça dos empreendedores que boas ideias precisam de execução e de uma dose de ousadia, eu preciso ser franco com você: ao longo dos anos aprendi que muitas ideias simplesmente morrem na praia. E foi preciso aprender isso com a minha equipe, ponderando os prós e contras de cada decisão, antes de dar passos importantes.

Ao mesmo tempo, sempre é tempo de inovar, de criar possibilidades que não existiam e de investir em novos mercados. Como você pôde ver ao longo do livro, e que tento mostrar para você que questionar o que já existe é vital em todos os momentos da sua empresa ou da sua trajetória profissional, também é imprescindível que você absorva feedbacks e veja o que pode melhorar, porque a vida do empreendedor é diariamente repleta de desafios.

Acordamos e vamos dormir resolvendo problemas e encontrando novas soluções para problemas que vão surgindo.

É interessante que você saiba que tem dias que você vai perceber que a rota precisa ser recalculada, e precisa estar com os olhos bem abertos para não se perder no meio dessa jornada.

Tem coisas que só passam a dar certo depois que tentamos de outras maneiras e você precisa absorver o aprendizado que vai te apontando os novos caminhos.

Quando decidimos montar a logística da Polishop, por exemplo, foi um grande aprendizado.

A logística era terceirizada, mas toda a tecnologia e inteligência de distribuição integradas em um nosso sistema nosso.

Olhando hoje para a operação perfeita que temos, nem dá para acreditar que já terceirizamos, mas fizemos isso antes de entender que tínhamos uma grande oportunidade de montar a nossa própria logística.

E não pense que as transições são fáceis: na época começamos a desenvolver uma logística paralela a que era terceirizada e, até que tudo funcionasse, aquilo levou tempo. Precisamos agir, mas muitas coisas levam tempo até se tornarem perfeitas. Só que precisamos de um olhar atento e muita ação, todos os dias.

Tudo tem um começo.

Hoje temos uma coisa valiosa: a capilaridade de lojas. Imagina ter em todos os estados do Brasil, um país desse tamanho, lojas praticamente em todas as grandes cidades.

Temos lojas físicas espalhadas pelo Brasil inteiro. E se você mora em Rondonópolis, por exemplo, e compra pelo telefone um produto, pode buscar direto na loja ou esperar que chegue na sua casa em torno de uma hora.

Não precisa esperar esse produto sair de Jundiaí e viajar até você. Você pode ir retirar ou receber em casa de onde estiver que uma transportadora local te entrega em uma hora. Essa capilaridade me dá uma capacidade logística que ninguém tem. E eu entrego todo o catálogo de produtos.

Sempre que existe uma ideia nascendo precisamos discutir dentro de uma realidade que possa melhorar a operação e fazer algo que fique em pé.

DINHEIRO NÃO FALTA NO MERCADO. O QUE FALTA SÃO BOAS IDEIAS.

Temos muitas vezes – diante do choque de realidade – que nos adaptarmos e aceitarmos.

Só que o empreendedor hoje acha que a ideia dele é autossuficiente. Que a ideia por si só é independente, é autônoma e tem potencial. Empreendedores não conseguem muitas vezes entender que tem um mundo de coisas por trás para fazer uma ideia sair do papel e performar.

Digo isso não na intenção de desanimar, mas de trazer a vida como ela é.

Acho interessante quando um participante do *Shark Tank Brasil* traz sua perspectiva otimista para o negócio, só que dentro daquela visão precisamos falar da vida real. Vamos falar das questões fiscais, das questões logísticas, das questões técnicas, de sistema, de processos, de controles.

Quando você tem tudo amadurecido, sabe os controles, entende qual o volume de produtos e mão de obra necessários.

Tem que dar o choque de realidade sem dar um banho de água fria e o termômetro disso é difícil de ser ajustado.

É preciso pensar grande? Sem dúvida, mas de uma forma escalonada. A pessoa não precisa ter um datacenter para controlar os servidores quando começa porque ela ainda não é desse tamanho. Vai ser um dia, mas naquele ela não é.

Se tiver um servidor, antivírus, sistema de backup para armazenar dados do seu tamanho, tudo certo. O importante é ir escalonando isso. Se quiser superdimensionar vai fazer um investimento que o negócio não vai suportar.

E recíproca é verdadeira.

Não pode crescer demais e ficar capenga. Porque se você para de entregar qualidade para que o business aconteça, aquilo não se sustenta a longo prazo.

A questão é que ninguém precisa desanimar, mas precisamos entender as pequenas, médias e grandes decisões, de acordo com o nosso negócio.

Tenho convivido com isso – tanto quando tenho ideias, quanto quando vejo as ideias que me trazem.

Todos nós precisamos ter esse choque de realidade se queremos crescer.

Só para você ter uma ideia da dimensão que estamos falando, eu que comecei pequeno quando abri a Polishop, uma pequena empresa num escritório com todos os serviços terceirizados, hoje tenho 320 CNPJs ativos dentro da Polishop.

E cada um deles tem que ser mantido de uma forma diferente. Cada CNPJ que é ativo eu preciso cumprir uma obrigação acessória dele. Se ele opera em todos os estados, em cada estado é de uma forma diferente.

Se você não tem sistemas, processos, controles, robôs, você tem que ter robôs processando fechamento de loja, trazendo informação para um analista buscar um detalhe e calcular um tributo que vai pagar. Daria para escrever um livro só disso.

Cada um em seu business passa por algo. Por isso todo empreendedor precisa de uma estruturação dentro da ideia para fazer acontecer. E muita gente começa e nunca sequer pensou isso ou viveu isso.

Por isso minha ideia de ajudar empreendedores que estão começando. Para que possam ter uma solução pronta e focar em seus negócios . Tem que estar estruturado para conseguir focar na ideia e se estabelecer.

Às vezes a pessoa se torna empreendedor depois de viver uma vida como funcionário e nunca pensou em tudo que precisava resolver porque era uma pecinha na engrenagem.

A vida como ela é, é dura. Tem ideias que darão certo, tem ideias que trarão desafios para serem implementadas, mas para saber se serão um grande sucesso ou um aprendizado, precisamos testar. Como eu já disse, o nome do game é teste. Só que o teste precisa ser feito dentro de uma realidade que seja capaz de manter o negócio em funcionamento. No exemplo que trouxe sobre a logística, por exemplo, antes de implementarmos a nossa própria logística, mantivemos uma atividade logística terceirizada em paralelo ao nosso negócio, até que soubéssemos que estava na hora de seguir em frente com a nossa. Precisamos aprender todos os dias e estarmos abertos a novos aprendizados. Precisamos estar com os ouvidos abertos para as ideias, para aquilo que pode agregar, e também para ouvir quais os riscos, quais as possibilidades que as coisas têm de dar errado. Precisamos entender tudo que está envolvido no negócio antes de tomarmos as decisões. É assim que devemos agir diariamente. Com ousadia, ação, mas também com uma análise criteriosa dos fatos.

Esses dias, às voltas com um produto revolucionário com grande potencial, que é o grafeno, percebemos o potencial de um novo produto.

O grafeno foi aplicado em um tecido que será usado em um produto que lançaremos na Polishop para a recuperação de colchões.

Você não precisa mais pensar em trocar o colchão, compra o produto, renova o seu colchão e ele ainda traz benefícios. Você dorme melhor, numa cama que parece de hotel, tem benefícios funcionais por uma fração do preço.

A solução parecia completa.

Só que tudo é novo. É uma operação nova a ser feita com um novo produto.

Aí eu me lembro que já trabalhei com alimento quando comecei com o Seven Day Diet, e que inovação sempre traz alguma dificuldade.

Se eu for ficar limitado aos problemas que terei ou aos problemas insolúveis, eu não ando pra frente E o empreendedor precisa olhar para frente. Nunca para trás.

Por isso, é bom ter o choque de realidade. Isso quando tiver uma ideia, um balde de água fria, um problema, um desafio ou uma escolha a ser feita, mas a partir dali, é preciso entender o que precisa ser feito, é preciso manobrar as forças que sempre estão olhando para o problema. E buscar agir para encontrar a solução.

Essa é a pluralidade.

A questão é qual problema queremos comprar. Porque se você acreditar na sua ideia, vai comprá-la e vendê-la para os outros. E mesmo diante dos choques de realidade, vai conseguir extrair um bom suco daquilo. Vai conseguir superar os desafios, buscar novos caminhos, aprender com os erros, entender que o bom e o ruim dependem do que vem depois, e questionar o que já existe.

A diferença entre o veneno e o antídoto é a dose.

Otimismo e realidade sempre se misturam. Cabe a você equilibrar cada um deles para conseguir tomar as decisões certas e seguir em frente.

FONTES Tiempos, Suisse
PAPEL Alta Alvura 90 g/m²
IMPRESSÃO Geográfica